OBESIDAD

BIBLIOTECA DR. ABEL CRUZ

OBESIDAD

Cómo prevenirla y curarla

Planeta

Diseño de portada: Marco Xolio

© 2004, Abel Cruz
Derechos reservados
© 2004, Editorial Planeta Mexicana, S.A. de C.V.
Avenida Presidente Masarik núm. 111, 2o. piso
Colonia Chapultepec Morales, 11570 México, D.F.

Primera edición: septiembre de 2004
Quinta reimpresión: julio de 2007
ISBN: 970-37-0183-3

Ninguna parte de esta publicación, incluido el diseño de la portada, puede ser reproducida, almacenada o transmitida en manera alguna ni por ningún medio, sin permiso previo del editor.

Impreso en los talleres de Impresora y Encuadernadora Nuevo Milenio, S.A. de C.V.
Calle San Juan de Dios 451, colonia Prados Coapa 3ª. Sección Tlalpan, México, D.F.
Impreso y hecho en México – *Printed and made in Mexico*

www.editorialplaneta.com.mx
www.planeta.com.mx
info@planeta.com.mx

INTRODUCCIÓN

Uno de los principales problemas de salud que he tratado en la mayoría de mis pacientes es la obesidad.

La obesidad y el sobrepeso son males que han acompañado a la humanidad desde sus inicios. Existen registros documentados de personas con problemas de sobrepeso y de los tratamientos que se les daban en diferentes culturas desde tiempos remotos.

Esta enfermedad ha ido evolucionando junto con la humanidad. Los daños que causa sobre el cuerpo humano son terribles y muchas veces fatales. El hombre se ha vuelto más sedentario debido a los avances en la tecnología y las comunicaciones. Cada vez la actividad física que tiene que realizar es menor, usa el auto en vez de caminar, utiliza los controles remotos para operar aparatos eléctricos y evitar moverse de su asiento. La comodidad es primordial en la actualidad, y como todo, tiene un precio.

Lo inquietante es que ese precio es la salud. La obesidad no distingue sexo, clase social y, últimamente, ni siquiera edad; incluso los niños, que son más activos que los adultos por naturaleza, se ven afectados por la obesidad, gracias a la poca actividad que realizan al estar frente al videojuego o al televisor.

Estoy convencido de que la obesidad no es cosa de juego. Es un problema serio, que va más allá de la estética o de las modas que la sociedad impone.

La obesidad afecta físicamente, al grado de poner la vida en peligro; es la causante de un sinfín de enfermedades, además de que acarrea problemas emocionales y familiares.

Afortunadamente, es un mal que se puede curar, y lo mejor, se puede prevenir. No es fácil, necesitas mucha fuerza de voluntad, dedicación y un amor enorme por tu salud y por tu vida, pero te aseguro que los beneficios bien valen el esfuerzo.

Dentro de este libro encontrarás información fácil y detallada de lo que es la obesidad, qué la causa y por qué no se es gordo sólo por comer mucho, existen múltiples razones y aquí las vas a conocer.

Te daré consejos nutricionales, jugoterapias, rutinas de ejercicios, masajes, terapias alternativas y todo lo que necesites saber para que, de una manera natural, pongas fin a ese mal que te puede estar afectando a ti o a cualquier miembro de tu familia.

¡No sólo sigas dietas, aprende a comer bien!

¡Bienvenido una vez más al mundo naturista del doctor Abel Cruz!

Y Moisés dijo:
Este es el pan que el señor les da como alimento,
y esta es la orden que ha dado el señor.
Recoja cada uno de ustedes lo que necesite para comer,
y según el número de personas que haya en su casa
tome dos litros por persona.
Los israelitas lo hicieron así,
unos recogieron más, otros menos,
y ni le sobró al que había recogido mucho,
ni le faltó al que había recogido poco.

Éxodo XVI 15-17

El doctor Abel Cruz Hernández estudió la carrera de médico cirujano en la Universidad autónoma de Hidalgo. En 1991 fundó la empresa Bionatura, que dirige desde entonces con gran éxito. Participa regularmente en numerosos programas de radio y televisión de gran audiencia y cuenta con sus propias emisiones de Bionatura en Radio Fórmula. Su popularidad alcanza a importantes auditorios en Estados Unidos, donde se presenta con gran éxito en las ferias de libros. Es colaborador de numerosas revistas y periódicos. Ha publicado más de 40 libros, muchos de los cuales se convirtieron en *best sellers*. Es un conferencista reconocido en temas como obesidad, impotencia y frigidez, gastritis y cáncer de estómago, tabaquismo y diabetes.

MAYORES INFORMES:
Oaxaca núm. 23, Col. Roma. C.P. 06700, México, D.F.
Tels. 55 25 28 70 / 55 25 28 71
bionatura14@hotmail.com
www.bionatura.com.mx

TRASTORNOS ALIMENTICIOS

El cuerpo humano es maravilloso, es una máquina perfecta. Sin embargo, necesita cuidados para mantenerse en óptimas condiciones.

La alimentación juega un papel importantísimo para el buen funcionamiento del organismo, es el combustible que nos permite movernos, pensar y realizar cada una de las actividades diarias; por ello, al haber algún problema en nuestra alimentación afectamos de manera directa y seria la salud de nuestro cuerpo.

El cuerpo humano además de perfecto tiene otra característica, es complejo. En su desarrollo y funcionamiento intervienen múltiples factores; algunos externos, como son nuestros hábitos y costumbres; otros internos, como nuestra educación y creencias. Todos ellos en conjunto nos conforman como individuos. Lo mismo sucede con las enfermedades que nos afectan, las razones que las originan pueden ser muchas y muy diversas.

Aquí mencionaré brevemente algunas de las enfermedades relacionadas directamente con la alimentación, sus causas, características y consecuencias.

Anorexia

DEFINICIÓN: anorexia significa "sin apetito". Es un trastorno de conducta que afecta directamente los hábitos alimenticios. Las víctimas de este padecimiento sienten un temor infundado a engordar y conservar la esbeltez se convierte en una obsesión.

Es un padecimiento que no aparece de la noche a la mañana. Algunas actitudes que parecen ser muy sanas, como empezar a cuidar la alimentación, hacer ejercicio y tomar más líquidos, se vuelven cada día más exagerados hasta llegar al deterioro físico y mental.

HISTORIA: se conocen antecedentes de la anorexia desde la edad media.

Las monjas seguidoras de san Jerónimo se imponían un ayuno hasta estar tan delgadas que perdían la menstruación. La princesa Margarita de Hungría murió de inanición intencionada. Otro caso histórico es aquél en el cual una monja carmelita sólo comió ostia de la eucaristía durante siete años.

Tipos de anorexia:
- Nerviosa primaria: en este tipo de trastorno no existe otra enfermedad más que el miedo a subir de peso.
- Nerviosa restrictiva: la paciente utiliza el ayuno y la dieta sin recurrir al vómito o a los laxantes.
- Nerviosa secundaria: este tipo de anorexia es consecuencia de una enfermedad siquiátrica como la esquizofrenia o la depresión.
- Bulimarexia: la paciente presenta periodos de ayuno alternados con periodos de comer en forma compulsiva. Se provoca el vómito y se laxa con purgas o enemas.

Factores de riesgo:
- ¿Quiénes la padecen? El 95% de los pacientes son mujeres y el 5%, hombres. De este 5% la mayoría son homosexuales. La anorexia se padece generalmente al principio de la adolescencia, es decir, entre los 14 y los 20 años. La personalidad de las pacientes es obsesiva, dependiente y obediente.
- Ambiente familiar: por lo general las personas que tienden a padecer anorexia viven en un ambiente estricto, su familia es rígida y poco tolerante.
- Ambiente socioeconómico: principalmente en el medio socioeconómico alto, aunque en los últimos años ha empezado a afectar a personas de medios socioeconómicos medio y bajo.
- Factores culturales y ambientales: la imagen idealizada del cuerpo de la mujer ha cambiado radicalmente en los últimos años. Ahora se exige que sea más delgado y como las adolescentes tienen la característica de la imitación, buscan conseguir esta imagen a toda costa y bajo cualquier riesgo. Como dato interesante, la mayoría de las modelos son anoréxicas o bulímicas.

Bulimia

DEFINICIÓN: bulimia significa "hambre de buey". Consiste en la ingestión rápida de una gran cantidad de alimento en un periodo de tiempo muy corto, seguido de la provocación del vómito y el uso indiscriminado de diuréticos y/o laxantes, así como la práctica de ejercicio de manera excesiva con el fin de anular los efectos de los alimentos.

Factores de riesgo:
- ¿Quiénes la padecen? Al igual que en la anorexia, su principal víctima es la mujer, sólo que aquí las edades oscilan entre los 18 y los 28 años, es decir, al final de la adolescencia. Las pacientes bulímicas tienen una personalidad conflictiva, impulsiva y poco tolerante.
- Ambiente familiar: es conflictivo con antecedentes de alcoholismo, depresión, drogadicción y obesidad.
- Tratamiento: es necesario combinar de manera integral el tratamiento médico con el sicológico y el nutricional.

Si necesitas mayor información te sugiero que consultes mis libros *Anorexia* y *Bulimia*, que te ayudarán a conocer más sobre estos padecimientos así como sobre sus diferentes tratamientos naturales y su cura.

Orthorexia

DEFINICIÓN: se caracteriza por una obsesión con alimentos específicos o con grupos completos de alimentos. Si la persona que la padece considera que son dañinos los elimina sistemáticamente. Mientras que los anoréxicos y los bulímicos tienen una fijación por la cantidad de comida, los orthoréxicos la tienen por la calidad de la comida. La persona constantemente alaba lo saludable de su dieta sin darse cuenta que está poniendo en peligro su salud.

Factores de riesgo:
- El hecho de suprimir grupos enteros de alimentos provoca que sea más difícil obtener las vitaminas y minerales que el organismo necesita, además de que se puede crear una verdadera intolerancia a los alimentos.

- Una dieta deficiente puede contribuir a múltiples enfermedades, desde una gripe hasta una anemia, y si esto no se controla, podría desencadenar hasta algún cáncer.
- ¿Quiénes la padecen? Al igual que en los trastornos anteriores, las mujeres se ven más afectadas por la orthorexia, ya que tienden a obsesionarse con la comida de una forma en la que los hombres no lo hacen.

El comedor compulsivo

DEFINICIÓN: este trastorno fue reconocido oficialmente hasta 1992, cuando en realidad es el más común. La mayoría de las personas que lo padecen tienen problemas de obesidad. El comer compulsivamente se caracteriza por comer una gran cantidad de alimento, perdiendo el control de lo que se come. La persona se obsesiona con la comida y con comenzar dietas que se rompen muy fácilmente y en muy poco tiempo. El sentimiento de culpa es tan grande como la obsesión con su peso. Este trastorno se diferencia de la bulimia en que aquí no se induce el vómito ni se utilizan laxantes.

CAUSAS: son aún desconocidas, aunque en el 50% de los casos los pacientes presentan historial depresivo y baja autoestima.

COMPLICACIONES:
1. Problemas de la vesícula biliar
2. Problemas gastrointestinales
3. Hipertensión arterial
4. Diabetes

5. Enfermedades cardiovasculares
6. Enfermedades articulares

Todos estos trastornos alimenticios generan patrones de conducta vinculados estrechamente con la obesidad. Las personas que los padecen frecuentemente presentan los siguientes comportamientos:

a) Ingesta repetida de alimentos entre comidas sin tener hambre. Este hábito tiene carácter placentero.
b) Picoteo: la necesidad de comer es irresistible, selectiva y puede seguirle un sentimiento de culpa.
c) Atracones: se consumen en soledad y en secreto grandes cantidades de comida cuando no se tiene hambre. No se paladean los sabores y la mayoría de las veces está acompañado de vergüenza, autodesprecio y depresión. Aunque son concientes de esta conducta, se sienten impotentes para controlarla o detenerla.
d) Comedores nocturnos: en la mañana padecen anorexia y un hambre incontrolable después del anochecer.
e) Desorden afectivo estacional: son estados depresivos que afectan en otoño e invierno cuando la luz es menor, los afectados se muestran irritables, fatigados e intolerantes y se recuperan o alivian en el verano.
f) Síndrome de detención premenstrual: presentan perturbaciones en el humor, cansancio, tensión mamaria, retención de líquidos y tendencia al picoteo de carbohidratos o grasas días antes de la menstruación.
g) Síndrome de sensación de fumar: hay un aumento rápido del apetito, fundamentalmente de dulces y comidas de alto valor energético.

Autoevaluación de trastornos de la alimentación

Todos los trastornos alimenticios sin excepción se desarrollan paulatinamente. Dan señales que, aunque muy obvias, la mayoría de las veces pasan inadvertidas, incluso para el mismo afectado, hasta que el daño es, en algunos casos, irremediable. De ahí la importancia de observar detalladamente cualquier cambio en la conducta.

Este cuestionario te ayudará a saber si presentas o tienes algún riesgo de padecer cualquiera de los trastornos antes mencionados.

Es muy importante que contestes honestamente cada una de las respuestas, de lo contrario alterarás los resultados y saldrás afectado. Escribe tus respuestas en una hoja.

1. Cada vez que la gente me dice que estoy muy delgado (a), me siento más gordo (a)

    SÍ ☐   NO ☐

2. Me preocupa en demasía lo que voy a comer

    SÍ ☐   NO ☐

3. Me provoca mucha ansiedad y molestia cuando la gente me insiste en que coma

    SÍ ☐   NO ☐

4. Si subo un poco de peso, sin importar la causa, me deprimo

    SÍ ☐   NO ☐

5. Si no puedo hacer ejercicio, me genera mucha ansiedad

    SÍ ☐   NO ☐

6. Mi periodo menstrual se ha ido retirando o ya no lo tengo

   SÍ ☐   NO ☐

7. Mi sexualidad ha ido disminuyendo

   SÍ ☐   NO ☐

8. Trato siempre de comer a solas

   SÍ ☐   NO ☐

9. Me he vuelto fanático (a) de los libros de dietas y cocina baja en calorías

   SÍ ☐   NO ☐

10. Evito hablar de mi miedo a estar gordo (a) porque nadie me entiende ni comprende

    SÍ ☐   NO ☐

11. Me gusta cocinar para otras personas, pero yo no como lo que les preparo

    SÍ ☐   NO ☐

12. Cuando empiezo a comer me disgusto y no puedo parar de hacerlo

    SÍ ☐   NO ☐

13. Si yo estuviera más delgado (a) subiría mi autoestima

    SÍ ☐   NO ☐

14. He dejado mis estudios o mi trabajo por mi problema de peso

    SÍ ☐   NO ☐

15. Tengo tendencia a ser muy irritable

    SÍ ☐   NO ☐

16. Como compulsivamente

    SÍ ☐   NO ☐

17. Me siento culpable cuando como

    SÍ ☐   NO ☐

18. Me provoca ansiedad que me vean comer

    SÍ ☐   NO ☐

19. He tenido ayunos prolongados para perder peso

    SÍ ☐   NO ☐

20. Tomo laxantes o diuréticos para controlar mi peso

    SÍ ☐   NO ☐

21. Cuando como, corto bocados muy pequeños, como en platos muy chicos y con cubiertos pequeños

    SÍ ☐   NO ☐

22. Cuando como me siento muy lleno (a) y muy gordo (a)

    SÍ ☐   NO ☐

23. Mis hábitos de alimentación interfieren con mis relaciones amistosas

    SÍ ☐   NO ☐

24. No disfruto mis momentos románticos porque me siento muy gordo

    SÍ ☐   NO ☐

25. Quiero estar más delgado (a) que mis amigos (as)

SÍ ☐   NO ☐

26. Tengo la fija idea de que todo lo que como me engorda

SÍ ☐   NO ☐

27. Me molesta que otras personas hablen de mi manera de comer

SÍ ☐   NO ☐

28. Miento acerca de lo que como

SÍ ☐   NO ☐

29. Mis hábitos alimenticios interfieren con mis relaciones amorosas

SÍ ☐   NO ☐

30. Pienso o digo que prefiero morir que estar gordo (a)

SÍ ☐   NO ☐

31. Se me cae el pelo, se me rompen las uñas o me canso fácilmente

SÍ ☐   NO ☐

Entre más respuestas positivas tengas, más serio es tu problema.

No olvides que los trastornos en la alimentación son un problema que puede causar daños irreversibles a tu organismo e incluso la muerte.

Si descubres que tienes problemas con tu manera de comer acude a tu médico lo antes posible y asegúrate de recibir tratamiento sicológico.

OBESIDAD

¿Qué es la obesidad?

OBESIDAD: del latín *obedere*: comer mucho.
GORDO: del latín *gordus*: torpe. La definición del diccionario es: "de abundantes carnes, muy abultado y corpulento, graso, mantecoso".

La obesidad es una enfermedad crónica tratable que se produce cuando existe un exceso de tejido adiposo corporal (grasa) en el que las células aumentan tanto de tamaño como de número. Esto trae como consecuencia un incremento en el peso del cuerpo y da como resultado una disminución en la calidad de vida y en la salud de quienes lo padecen.

Se ha comprobado que la obesidad está directamente vinculada o es la causante de distintas enfermedades. Entre ellas están:
- Diabetes
- Hipertensión arterial
- Complicaciones cardiovasculares
- Problemas respiratorios

- Problemas articulares (osteoartritis)
- Enfermedad coronaria
- Anormalidades hormonales
- Trastornos sexuales
- Quistes, granos, estrías y celulitis
- Dolores lumbares
- Problemas renales
- Flebitis y hernia
- Defectos fetales asociados con obesidad materna
- Propensión a tumores
- Algunos tipos de cáncer (gastrointestinal, endometrio y cérvix entre otros)
- Muerte prematura

Por ser un problema que crece aceleradamente en el ámbito mundial, el sobrepeso y la obesidad han sido consideradas enfermedades con características epidémicas y de preocupación pública.

Si la obesidad sigue aumentando como hasta ahora, el 18% de los hombres y el 24% de las mujeres de todo el mundo serán obesos en el año 2005.

Causas

Desgraciadamente, algunos de los médicos y de los responsables de la salud pública así como la mayoría de la población en general consideran a la obesidad como el resultado de la glotonería y la falta de fuerza de voluntad, y aunque es una de las principales causas, no podemos descartar otros factores como la herencia, el comportamiento del sistema nervioso, el sistema endocrino (enfermedad de Cushing, hipotiroidismo, poliquistosis ovárica, etcétera) y metabólico, la utilización de drogas y medicamentos tranquilizantes, antidepresivos anti-convulsivantes, etcétera, además del estilo de vida que se lleve. Existen situaciones que fomentan el desarrollo de la obesidad. Estas son:

Fisiológicas:
- Vida sendentaria
- Embarazo
- Menopausia
- Tratamientos nutricionales inadecuados
- Enfermedades varias

Sicológicas:
- Estrés
- Ocio
- Problemas laborales
- Problemas matrimoniales o emocionales
- Depresión
- Baja autoestima
- Autosatisfacción compensatoria

Sociales:
- Costumbres del lugar
- Problemas socioeconómicos
- Publicidad
- Presión familiar o de los amigos

La obesidad aparece cuando ingerimos más calorías de las que el cuerpo gasta. Esto quiere decir que:

Calorías que entran al cuerpo	−	Calorías que se queman	=	Grasa que se acumula
5300 kcal		2000 kcal		3300 kcal
				500 gramos de grasa

Si se ingieren más calorías de las necesarias, estas se acumulan en forma de grasa. Por cada 3300 calorías una persona sube medio kilo de peso.

Tipos de obesidad:
- Central (tipo II): es la más grave y puede conllevar importantes complicaciones patológicas (como la diabetes tipo II). La obesidad central localiza la grasa en el tronco del organismo.
- Periférica (tipo I): la obesidad periférica acumula el depósito de grasa de la cintura para abajo y produce problemas de carga en las articulaciones.

Obesidad y embarazo

El embarazo es una de las etapas en la cual el incremento en el peso de la mujer es inminente. El aumento de apetito que generalmente se produce durante el embarazo contribuye al sobrepeso. Este crecimiento progresa hasta tener un registro al final del embarazo de aproximadamente 20% por arriba del peso anterior.

Dicho incremento corresponde al peso del bebé, la placenta y el líquido amniótico, al que debemos sumar un 10% por la retención de líquidos y la acumulación de tejido graso.

Aparece un desarrollo de grasa en las caderas, denominada "de reserva", producida alrededor de la semana 20 de la gestación y que se mantiene a pesar de la dieta. Sólo se eliminará durante la lactancia, cuando cumple un papel muy importante en la producción de la leche para amamantamiento. La obesidad en la mujer embarazada es causante de muchas enfermedades (diabetes, hipertensión arterial, varices, dificultad respiratoria) así como de complicaciones durante el embarazo y al momento del parto.

Es necesario hacer estudios en la mujer embarazada para descartar la posibilidad de un cuadro pre-diabético o diabético y así aplicar la terapia adecuada.

En lo concerniente a la dieta, la gestación no es el momento adecuado para comenzar a bajar de peso, ya que una dieta con reducción de calorías trae consigo también la reducción de otros nutrientes, alteraría el buen desarrollo del bebé y pondría en riesgo la salud de la madre.

Lo ideal es balancear la dieta y combinarla con un poco de actividad física que fortalezca a la mujer y le permita llevar un embarazo placentero.

Más adelante te hablaré de las comidas y de los ejercicios ideales para realizar durante esta etapa.

Obesidad infantil

La obesidad infantil se produce cuando la acumulación de grasa es excesiva en relación con el promedio normal para la edad, sexo y talla del niño (a).

En nuestro país este mal se ha duplicado en los últimos 15 años.

Es muy importante tratar la obesidad infantil, ya que a corto plazo las consecuencias más frecuentes son alteraciones sicosociales. Aun cuando es pequeño, el niño obeso es objeto de burla por parte de sus compañeros; esto ocasiona problemas de aislamiento y dificultad para relacionarse con los demás, lo cual repercute directamente en su aprovechamiento académico.

En los adolescentes, incluso un mínimo sobrepeso es causante de trastornos alimenticios como la bulimia y la anorexia nerviosa.

A mediano plazo, la obesidad infantil produce alteraciones ortopédicas, respiratorias y de la piel.

Los niños obesos tienen mayor probabilidad de padecer *diabetes mellitus* e hipertensión, además de que aumentan el riesgo de padecer por el resto de su vida obesidad y terribles problemas de salud.

En la mayoría de los niños la obesidad es causada debido a una dieta rica en carbohidratos, grasas, golosinas, y una disminución en las actividades físicas al aire libre o en la práctica de algún deporte.

Estamos muy acostumbrados a que los padres insistan en que el niño pequeño debe de comer mucho para estar sano. Esto es un mito, pues resulta normal que el apetito del niño después de los 2 años disminuya, ya que sufre un ajuste fisiológico de sus necesidades. Por lo tanto, no obligues a tus hijos a comer en demasía.

Más adelante, se permite que el niño coma casi a diario comida chatarra, refrescos y pastelitos. Esta comida se vuelve casi un premio para cualquier evento en la vida del niño.

La obesidad infantil, aunque es un problema serio, tiene una ventaja muy importante: la niñez es una etapa en la que cambiar conductas es relativamente fácil. Durante este tiempo se conforman los hábitos, se estructura la personalidad y se pueden establecer patrones que en un futuro serán más difíciles de cambiar.

Por ello es esencial que la familia y todos aquellos involucrados en la educación del niño junten sus esfuerzos para promover un estilo de vida saludable, con hábitos correctos, como una dieta balanceada y la práctica cotidiana de ejercicio. Con esto, estaremos educando niños sanos que en un futuro se convertirán en individuos positivos, generosos y mejores seres humanos.

Un buen indicador para saber si tu bebé o tu niño será un adulto obeso es preguntarte ¿qué clase de familia tienes tú? Si tu niño está rodeado de adultos obesos es muy difícil que él no lo sea por dos razones: 1. la obesidad es hereditaria; 2. los hábitos alimenticios de tu familia serán los de él.

El tratamiento de la obesidad infantil debe estar bajo estricta vigilancia médica y debe llevar una dieta controlada. Son muy pocos los casos en los que la obesidad infantil se presenta como consecuencia de otra enfermedad, como el hipotiroidismo, donde es preciso realizar estudios de laboratorio para adecuar el diagnóstico y el tratamiento. Es muy importante pensar qué hacer para que nuestro hijo no padezca un caso de obesidad infantil. Algunas recomendaciones que debes tomar en cuenta son:

- Predica con el ejemplo.
- No premies a tu hijo con alimentos cada vez que haga algo bien.
- Enséñale a tomar agua natural o de frutas en vez de refrescos o sodas.
- Motívalo a que realice alguna actividad física programada.
- No permitas que realice otra actividad mientras come, como ver televisión o leer.

- No lo obligues a estar a dieta; explícale de forma que él o ella entienda que es lo mejor para su salud.

Recuerda que, afortunadamente y como en muchas otras enfermedades, la obesidad se puede prevenir y es mucho más fácil prevenirla que tratarla.

ALIMENTACIÓN

¿Soy obeso?

Hemos estado hablando de la obesidad, sus causas y sus complicaciones. Pero ¿qué nos determina la obesidad? ¿Cómo saber si soy obeso o tengo problemas de sobrepeso?

La forma objetiva para determinar el grado de sobrepeso y obesidad es el índice de masa corporal (IMC). Esta es la medida que determina el peso y el estado de salud del paciente; el IMC se calcula tomando el peso en kilos y dividiéndolo por la estatura en metros al cuadrado:

$$IMC = \text{peso corporal} / \text{estatura en m}^2$$

Entonces para calcular el IMC de una persona que pesa 75 kilos y mide 1.64 metros hay que calcular:

$$75 \text{ kilos} / 1.64 \times 1.64$$

es decir:

$$75 / 2.69 = 27.8$$
$$IMC = 27.8$$

Sigue esta fórmula y calcula tu IMC para conocer si tienes problemas de sobrepeso.

Clasificación según la OMS	IMC
bajo peso	-18.5
peso normal	18.5 a 24.9
sobrepeso	25 a 29.9
obesidad tipo I	30 a 34.9
obesidad tipo II	35 a 39.9

A mayor IMC mayor el riesgo de padecer enfermedades asociadas con el sobrepeso y la obesidad.

Como ya he mencionado antes, la obesidad no es sólo un problema social y estético, es una enfermedad que se tiene que tratar y a la que tienes que poner mucho cuidado ya que presenta secuelas. La severidad de estas depende del grado de obesidad que tengas, entre más alto es el IMC mayor es el riesgo y la gravedad.

Te sorprenderá saber la cantidad de órganos que afecta la obesidad y el daño que le causa a tu estado de salud en general.

Los órganos más afectados son:
- Corazón: insuficiencia cardiaca.
- Cerebro: accidente vascular cerebral.
- Piel: estrías, sudoración profusa, celulitis, infecciones por hongos.
- Estómago: colitis, cáncer de colon, hemorroides.
- Metabolismo: problemas hormonales, gota, diabetes.
- Huesos y articulaciones: artritis, hernias.
- Sistema respiratorio: insuficiencia respiratoria.

- Sangre: colesterol elevado.
- Aparato reproductivo: infertilidad, impotencia, embarazo de alto riesgo.
- Complicaciones quirúrgicas de alto riesgo: infecciones en las heridas, inflamación de las venas, problemas con la anestesia.
- Vida social: depresión, baja autoestima.

La siguiente es una tabla del IMC dentro del rango normal saludable para niños y adolescentes. Calcula el IMC de tus hijos y sabrás si padecen problemas de sobrepeso:

edad en años	niño	niña
2	16.4	16.4
3	16	15.7
4	15.7	15.4
5	15.5	15.1
6	15.4	15.2
7	15.5	15.5
8	15.8	15.8
9	16.1	16.3
10	16.3	16.8
11	17.2	17.5
12	17.8	18
13	18.2	18.6
14	19.1	19.4
15	19.8	19.9
16	20.5	20.4
17	21.2	20.9
18	21.9	21.3

Controla tus medidas

Hoy en día lucir un talle esbelto se ha vuelto una obsesión. Sin duda alguna, las personas delgadas se enferman menos y son más longevas que las obesas, pero tenemos que estar concientes que en algunos casos, aunque no tengamos sobrepeso, jamás podremos vernos tan delgados como muchas de las personas que aparecen en la televisión y las revistas. Esto se debe a nuestra complexión. Tenemos que analizar qué tipo tenemos.

Existen tres tipos de complexiones. Cada una tiene una figura distinta, es muy importante que ubiques la tuya ya que esto te ayudará a conocerte mejor y a entender por qué en algunos casos, por más esfuerzos que hagas, no lucirás tan delgado(a) como quisieras.

Para saber a qué tipo perteneces, mide el diámetro de tu muñeca en el punto más delgado, justo abajo del hueso. Anota tus medidas junto con tu IMC para tener un mejor control.

Delgada: mujer menos de 14 cms
            hombre menos de 16.5 cms

Mediana: mujer entre 14 y 16.5 cms
            hombre entre 16.5 y 18 cms

Robusta: mujer más de 16.5 cms
            hombre más de 18 cms

No olvides que lo más importante aquí es que aprendas a quererte y aceptarte tal cual eres sin importar a qué tipo perteneces. Puedes tener un físico agradable, bello y sano independientemente de tu complexión. Todo lo que debes hacer es cuidarte.

Todas las complexiones tienen un peso ideal de acuerdo a la altura. Ubica dentro de la tabla cuál es tu peso ideal de acuerdo a tu estatura y complexión:

Tabla de altura contra peso según complexión

Hombres				Mujeres			
Altura m	Complexión Kg			Altura m	Complexión Kg		
	Delg.	Med.	Rob.		Delg.	Med.	Rob.
1.55	50 a 54	53 a 58	56 a 63	1.42	41 a 44	43 a 48	47 a 53
1.57	52 a 55	54 a 60	58 a 65	1.44	42 a 45	44 a 49	48 a 55
1.60	53 a 56	56 a 61	59 a 66	1.47	43 a 47	45 a 51	49 a 56
1.62	54 a 58	57 a 62	61 a 68	1.50	44 a 48	47 a 53	50 a 58
1.65	56 a 60	58 a 64	62 a 70	1.52	46 a 49	48 a 54	52 a 59
1.67	57 a 61	60 a 66	64 a 72	1.55	47 a 51	49 a 55	53 a 60
1.70	59 a 63	62 a 68	66 a 74	1.57	48 a 53	51 a 57	54 a 62
1.72	61 a 65	64 a 70	68 a 76	1.60	50 a 54	53 a 58	56 a 64
1.75	63 a 67	65 a 72	69 a 78	1.62	51 a 55	54 a 61	58 a 66
1.77	64 a 69	67 a 74	71 a 80	1.65	53 a 57	56 a 63	60 a 68
1.80	66 a 71	69 a 76	73 a 83	1.67	55 a 60	57 a 64	62 a 69
1.82	68 a 73	71 a 78	75 a 85	1.70	57 a 61	59 a 66	63 a 71
1.85	70 a 75	73 a 81	78 a 87	1.72	58 a 63	61 a 68	65 a 73
1.87	72 a 77	75 a 83	80 a 89	1.75	60 a 65	63 a 70	67 a 76
1.90	73 a 78	77 a 85	82 a 92	1.77	62 a 67	65 a 72	70 a 78

¿Cómo debes pesarte?

El control del peso es básico para la buena salud de nuestro organismo. Sin embargo es importante que sepas que nuestro peso varía durante todo el día y en el caso de las mujeres también depende de qué tan próximo esté su periodo menstrual o si toman anticonceptivos o algún otro medicamento.

Aquí te doy unas recomendaciones para que aprendas a pesarte sin deprimirte y sin que obtengas datos falsos:
- Usa siempre la misma báscula.
- Mantén la báscula siempre en el mismo lugar, así evitarás que el resultado varíe.
- Siempre pésate con el mismo tipo de ropa o si puedes hazlo desnudo.
- Pésate solamente una vez por semana.
- No te crees falsas expectativas con tu peso.
- No olvides que la pérdida de peso es un proceso lento, así evitarás decepcionarte.
- Quédate quieto mientras te pesas.
- Al pararte sobre la báscula trata de que tu peso esté distribuido.
- Ten paciencia, esto te ayudará a obtener resultados positivos y duraderos.
- Una reducción de peso normal es de medio a un kilo por semana, ten esto como referencia aunque puede variar de acuerdo al metabolismo de cada individuo.

Las calorías

Cada una de las actividades que realizamos, por muy pequeña que sea, requiere de un consumo de energía. Por ejemplo, al hacer ejercicio nuestros músculos utilizan principalmente esa energía, pero también otros tejidos y órganos, como los pulmones. El sistema nervioso también utiliza energía al coordinar nuestros movimientos. Toda esa energía utilizada debe recuperarse para conservar un equilibrio y seguir viviendo. Esto se hace mediante la ingestión de alimentos.

Los nutrientes que consumimos contienen energía y esta se mide en calorías. Si el gasto de energía es mayor a la cantidad de calorías que ingerimos, el cuerpo utiliza las que tiene almacenadas en los tejidos, es decir, quema grasa. Pero si al contrario, ese gasto de energía es menor a la cantidad de calorías que comemos, el cuerpo almacena el sobrante en forma de grasa.

El número de calorías que debe reponer el organismo depende de la energía que consuma durante el día y del tipo de actividad física que uno realice.

Adulto

Actividad	Calorías requeridas diariamente
Sedentario	2300 a 2500
Actividad moderada	3000 a 3500
Gran esfuerzo físico	4000 a 5000

Equivalentes calóricos

A continuación incluyo una lista de alimentos comunes en la dieta mexicana y las calorías, carbohidratos, proteínas y grasas que contienen. Contar calorías es un método popular para bajar de peso. Esta lista te va a ayudar a seguir una dieta baja en grasas y carbohidratos y te indicará cuánta proteína consumes.

Tabla calórica de los alimentos

Específico		Cantidad	Cal.	Carb.	Prot.	Grasa
	Fruta					
Manzana	Cruda	100 g	35	8.9	0.3	0.1
Durazno	Crudo	100 g	31	8.5	0.3	0.1
	Almíbar	100 g	63	16.1	0.4	0.1
Aguacate	Crudo	100 g	190	1.9	1.9	19.5
Plátano	Crudo	100 g	95	23.2	1.2	0.3
Plátano macho	Natural	100 g	117	19.4	1.1	0.3
	Frito	100 g	267	47.5	1.5	9.2
	Horneado	100 g	112	28.5	0.8	0.2
Zarzamora	Mermelada	100 g	56	13.8	0.7	0.3
Cereza	Natural	100 g	48	11.5	0.9	0.1
	Almíbar	100 g	71	18.5	1.5	0
	En pastel	100 g	82	21.5	0.4	0
Dátil	Crudo	100 g	107	26.9	1.3	0.1
	Seco	100 g	227	57.1	2.8	0.2
Higo	Seco	100 g	227	52.9	3.6	1.6
	En pastel	100 g	77	20.1	0.4	0
Coctel de frutas	Almíbar	100 g	57	14.8	0.4	0
	Natural	100 g	29	7.2	0.4	0
Toronja	Natural	100 g	20	4.6	0.5	0.1
Uva	Natural	100 g	60	15.4	0.4	0.1
Kiwi	Natural	100 g	49	10.6	1.1	0.5
Limón	Natural	100 g	19	3.2	1.0	0.3
Mandarina	Natural	100 g	32	7.7	0.7	0
Mango	Natural	100 g	57	14.1	0.7	0.2
	Almíbar	100 g	77	20.3	0.3	0
Melón	Natural	100 g	19	4.2	0.6	0.1
Aceituna	En lata	100 g	103	0	0.9	11.0
Naranja	Natural	100 g	37	8.5	1.1	0.1
Papaya	Natural	100 g	36	8.8	0.5	0.6
Pera	Natural	100 g	41	10.4	0.3	0.1
	Almíbar	100 g	60	15.8	0.2	0

ALIMENTACIÓN

Específico		Cantidad	Cal.	Carb.	Prot.	Grasa
Piña	Natural	100 g	41	10.1	0.4	0.2
	Almíbar	100 g	64	16.5	0.5	0
	Jugo	100 g	47	12.2	0.3	0
Ciruela	Natural	100 g	37	16.3	0.3	0
	Mermelada	100 g	75	19.2	0.5	0.1
Ciruela pasa	Semi-seca	100 g	141	34.0	2.5	0.4
Pasas	Semi-seca	100 g	272	69.3	2.1	0.4
Frambuesa	Natural	100 g	25	4.6	1.4	0.3
	Mermelada	100 g	31	7.6	0.5	0
Sandía	Natural	100 g	20	4.8	0.4	0.2
Guayaba	Natural	100 g	65	15.6	1.8	0.4
Granada	Natural	100 g	79	16.1	2.8	1.4
Mamey	Natural	100 g	91	22.4	1.7	0.6
Fresa	Natural	100 g	27	6.0	0.8	0.1
	Mermelada	100 g	65	16.9	0.5	0
Tamarindo	Natural	100 g	277	69.7	5.9	0.8
Tejocote	Natural	100 g	95	24.8	0.6	0.7
Tuna	Natural	100 g	50	10.1	1.4	0.1
Zapote negro	Natural	100 g	68	17.5	1.1	0.1

Verduras

Específico		Cantidad	Cal.	Carb.	Prot.	Grasa
Espárrago	Crudo	100 g	25	2.0	2.9	0.6
	Hervido	100 g	26	1.4	3.4	0.8
Berenjena	Cruda	100 g	15	2.0	0.9	0.4
Frijol	Hervido	100 g	77	13.0	5.9	0.2
	Guisado	100 g	123	22.5	9.3	0.5
Betabel	Crudo	100 g	36	7.6	1.7	0.1
	Hervido	100 g	46	9.5	2.3	0.11
Garbanzo	Hervido	100 g	89	13.6	7.8	0.4
Cebollines	Crudo	100 g	23	3.0	2.0	0.5
Brócoli	Crudo	100 g	33	1.8	4.4	0.9
	Hervido	100 g	24	1.1	3.1	0.8
Col de Bruselas	Cruda	100 g	42	4.1	5.3	1.4
	Hervida	100 g	35	3.5	2.9	1.3

Específico		Cantidad	Cal.	Carb.	Prot.	Grasa
Col	Cruda	100 g	26	4.1	1.7	0.4
	Hervida	100 g	18	2.5	0.8	0.6
Zanahoria	Cruda	100 g	35	2.5	0.3	0.2
	Hervida	100 g	24	4.9	0.6	0.4
Coliflor	Cruda	100 g	34	3.0	3.6	0.9
	Hervida	100 g	28	2.1	2.9	0.9
Chícharo	Hervido	100 g	121	18.2	8.4	2.1
Pepino	Natural	100 g	10	1.5	0.7	0.1
Hinojo	Crudo	100 g	12	1.8	0.9	0.2
	Hervido	100 g	11	1.5	0.9	0.2
Ajo	Crudo	100 g	98	16.3	7.9	0.6
Pepinillo	En vinagre	100 g	14	2.6	0.9	0.1
Calabaza	Cruda	100 g	11	0.8	1.6	0.2
	Horneada	100 g	13	2.1	0.6	0.3
Lenteja	Guisada	100 g	105	16.9	8.8	0.7
Lechuga	Cruda	100 g	14	1.7	0.8	0.5
Verdura mixta	Natural	100 g	86	9.1	4.3	3.8
	Congelada	100 g	42	6.6	3.3	0.5
Champiñones	Crudos	100 g	135	0.4	1.8	0.5
	Hervidos	100 g	11	0.4	1.8	0.3
Espinacas	Cruda	100 g	25	1.6	2.8	0.8
	Hervida	100 g	19	0.8	2.2	0.8
Cebolla	Cruda	100 g	36	7.9	1.2	0.2
	Cocida	100 g	17	3.7	0.6	0.1
	Frita	100 g	164	14.1	2.3	11.2
	En vinagre	100 g	24	4.9	0.9	0.2
Papas	Cruda	100 g	70	16.1	1.7	0.3
	Cocida	100 g	75	17.8	1.5	0.3
	Frita	100 g	189	30.1	3.9	6.7
	Horneada	100 g	162	29.8	3.2	4.2
	En puré c/agua	100 g	57	13.5	1.5	0.1
	En puré c/leche	100 g	76	14.8	2.4	1.2
	En croquetas	100 g	214	21.6	3.1	13.1
Nabos	Crudos	100 g	24	5.0	0.7	0.3
	Hervidos	100 g	11	2.3	0.3	0.1

Específico		Cantidad	Cal.	Carb.	Prot.	Grasa
Rábanos	Crudos	100 g	12	1.9	0.7	0.2
Camote	Crudo	100 g	87	21.3	1.2	0.3
	Horneado	100 g	84	20.5	1.1	0.3
Elote	Natural	100 g	23	2.0	2.9	0.4
	En lata	100 g	66	11.6	2.5	1.4
Jitomate	Crudo	100 g	17	3.1	0.7	0.3
	En lata	100 g	16	3.1	1.1	0.1
	En salsa	100 g	29	6.0	1.1	0.2
	En puré	100 g	68	12.9	4.5	0.2
Berro	Crudo	100 g	22	0.4	3.1	1.0
Apio	Crudo	100 g	7	0.9	0.5	0.2
	Hervido	100 g	8	0.8	0.5	0.3
Nopal	Crudo	100 g	29	6.4	2.0	0.3
Chayote	Crudo	100 g	25	6.3	1.0	0.1
Flor de calabaza	Guisada	100 g	17	2.9	1.5	0.4
Ejote	Hervido	100 g	29	6.3	2.4	0.4
Pimiento morrón	Crudo	100 g	24	5.1	0.8	0.2
Chile jalapeño	En vinagre	100 g	23	6.0	1.2	0.1
Chile poblano	Asado	100 g	37	9.1	1.7	0.3
Chile chipotle	En vinagre	100 g	281	57.5	14.1	6.3
Chile pasilla	Seco	100 g	358	49.9	12.7	19.0
Chile cascabel	Seco	100 g	299	63.5	12.9	6.4
Chile piquín	Seco	100 g	363	55.3	14.4	16.9
Pimiento verde	Crudo	100 g	15	2.6	0.8	0.3
	Guisado	100 g	18	2.6	1.0	0.5
Pimiento rojo	Crudo	100 g	32	6.4	1.0	0.4
	Guisado	100 g	34	7.0	1.1	0.4

Semillas y cereales

Específico		Cantidad	Cal.	Carb.	Prot.	Grasa
Mostaza	Cruda	100 g	13	0.4	1.6	0.6
Coco	Seco	100 g	604	6.4	5.6	62.0
	En dulce	100 g	669	7.0	6.0	68.0
Cacahuate	Natural	100 g	564	12.5	25.7	46.1
	Salado	100 g	602	7.1	24.5	53.0

Específico		Cantidad	Cal.	Carb.	Prot.	Grasa
Ajonjolí	Tostado	100 g	578	0.9	18.2	58.0
Nuez	Natural	100 g	682	3.1	14.1	68.5
	Tostada	100 g	611	18.8	20.5	50.9
	Salada	100 g	748	4.8	7.9	77.6
Avellanas	Natural	100 g	650	6.0	14.1	63.5
Castañas	Natural	100 g	170	36.6	2.0	2.7
Pistaches	Natural	100 g	331	4.6	9.9	30.5
Semillas de girasol	Natural	100 g	581	18.6	19.8	47.5
Almendras	Natural	100 g	612	6.9	21.1	55.8
Nuez de la India	Saladas	100 g	748	4.8	7.9	77.6
Arroz	Integral	100 g	141	32.1	2.6	1.1
	Inflado	100 g	357	81.3	6.7	2.8
Pepitas	Tostadas	100 g	547	14.4	30.3	45.8
Cacao	Sin cáscara	100 g	556	21.1	16.0	49.5
Cebada	Natural	100 g	782	17.3	18	0.2
Piñón	Natural	100 g	634	16.8	15.3	61.3
Salvado	Natural	100 g	206	26.8	14.1	5.5
Pan integral	Normal	100 g	218	44.3	8.5	2.0
Pan de centeno	Normal	100 g	219	45.8	8.3	1.4
Pan blanco	Normal	100 g	235	49.5	8.4	1.9
Pastelillos	Donas	1 pza.	252	3.4	4.3	10.9
	Bisquetes	1 pza.	327	47.5	5.4	14.1
	Pan dulce	1 pza.	286	36.9	4.8	14.3
	Hot cakes	1 pza.	331	38.5	6.5	17.8
	Pay con relleno	1 porción	328	41.5	3.8	17.4
	Pan francés	1 porción	58	11.0	2.0	0.5
	Buñuelos	1 pza.	135	17.0	0.2	0.7
Trigo	Inflado	100 g	321	67.3	14.2	1.3
Avena	Natural	100 g	325	67.7	10.6	3.5
Muesli	Sin azúcar	100 g	366	67.1	10.5	7.8
Corn flakes	All bran	100 g	261	46.6	14.0	3.4
	Bran flakes	100 g	318	69.3	10.2	1.9
	Rice krispis	100 g	369	89.7	6.1	0.9
	Special K.	100 g	377	81.7	15.3	1.0
	Choco krispis	100 g	360	88.6	7.9	0.7

Específico		Cantidad	Cal.	Carb.	Prot.	Grasa
Harinas	Integral	100 g	333	73.7	11.5	1.2
	Blanca	100 g	335	77.6	9.8	0.5
	Maíz	100 g	354	92.0	0.6	0.7
	Soya	100 g	447	23.5	36.8	23.5
	Trigo	100 g	341	77.7	9.4	1.3
	Avena	100 g	375	66.0	11.2	9.2
	Tortillas de maíz	1 pza.	37	77.4	7.1	4.5

Huevos y lácteos

Específico		Cantidad	Cal.	Carb.	Prot.	Grasa
Huevo	Crudo o hervido	1 pza.	98	0	8.4	7.2
	Solo clara		36	0	9.0	0
	Solo yema		339	0	16.1	30.5
Pato	Crudo	1 pza.	122	0	17.2	14.2
Tortuga	Crudo	1 pza.	115	0.9	12.6	6.3
Codorniz	Crudo	1 pza.	218	4.3	14.9	15.2
Leche	Entera de vaca	100 ml.	66	4.8	3.2	3.9
	De cabra	100 ml.	60	4.4	3.1	3.5
	Condensada	100 ml.	333	55.5	8.5	10.1
	Evaporada	100 ml.	151	8.5	8.4	9.4
	Light	100 ml.	39	6.0	3.8	0.1
	De soya	100 ml.	32	0.8	2.9	1.9
Crema	Normal	100 g	586	2.3	1.6	63.5
	Crema ácida	100 g	260	0.5	0.5	2.5
Yogur	Natural	100 g	79	7.8	5.7	3.0
	Para beber	100 g	62	13.1	3.1	0
	Light	100 g	56	7.5	5.1	0.8
	De soya	100 g	72	3.9	5.0	4.2
Quesos	*Cottage*	100 g	98	2.1	13.0	3.9
	Queso crema	100 g	439	0	3.1	47.4
	Fresco	100 g	313	0	8.6	31.0
	Blanco	100 g	376	0.1	23.4	31.3
	Manchego	100 g	375	0	24.0	31.0
	Parmesano	100 g	452	0	39.4	32.7
	Roquefort	100 g	105	0.5	0.6	8.5

Específico		Cantidad	Cal.	Carb.	Prot.	Grasa
	Oaxaca	100 g	107	4.0	8.1	7.5
	Chihuahua	100 g	456	1.9	28.8	37.0
	Añejo	100 g	392	0	29.1	30.5
	Amarillo	100 g	381	2.5	33.5	26.0
Mantequilla	Sin sal	100 g	737	0	0.5	81.7
Manteca	Vegetal	100 g	162	0	2.0	184
	De cerdo	100 g	198	0	0.1	220
	De cacahuate	100 g	93	0.3	0.4	0.8
Margarina	Sin sal	100 g	163	1.0	1.5	183

Aceites y misceláneos

Específico		Cantidad	Cal.	Carb.	Prot.	Grasa
Aceite	Maíz, oliva y soya	100 ml.	125	0	0	14.0
Mayonesa	Normal	100 ml.	110	0	0	12.0
Catsup	Normal	100 g	19	4.5	0	0
Salsa picante	Normal	100 g	15	0.4	0	0
Chocolate	Amargo	100 g	144	8.0	3.0	17.5
	Blanco	100 g	529	58.3	8.0	30.9
	Trufa	100 g	499	60.5	8.2	26.6

Endulzantes

Específico		Cantidad	Cal.	Carb.	Prot.	Grasa
Azúcar	Refinada	100 g	385	99.5	0	0
	Morena	100 g	394	104	0.5	0
	Piloncillo	100 g	356	90.6	0.4	0.4
	Miel de abeja	100 g	64	17.0	0	0
	Jalea	100 g	50	13.0	0	0
	Miel de caña	100 g	284	72.6	0.5	0.2

Postres

Específico	Cantidad	Cal.	Carb.	Prot.	Grasa
Arroz con leche	100 g	226	37.5	6.3	5.9
Flan	100 g	227	31.4	7.9	8.2
Galleta María	1 pza.	20	3.4	0.5	0.5
Pastel de queso	1 porción	266	36.3	6.3	11.7
Budín	1 porción	186	40.2	8.0	0.4

Específico		Cantidad	Cal.	Carb.	Prot.	Grasa
Mousse de chocolate		1 porción	83	11.9	4.0	3.2
Helados	Chocolate	1 porción	139	14.1	1.8	8.8
	Vainilla	1 porción	116	14.6	2.2	5.9
	Napolitano	1 porción	104	10.3	1.5	6.4
	Limón	1 porción	66	20.5	0.5	0
Gelatina	De agua	1 porción	155	36.0	0.4	0
	Caramelo	1 porción	110	22.0	0	0
Palomitas de maíz	Acarameladas	100 g	592	77.6	2.1	20.0

Bebidas

Específico		Cantidad	Cal.	Carb.	Prot.	Grasa
Coca-cola		1 lata	119	5.0	0	0
Café		1 taza	110	14.6	0	0
Chocolate		1 vaso	234	27.6	8.8	10.7
Té		1 taza	0	0	0.1	0
Cerveza	Clara	1 tarro	37	5.1	0.3	0
	Oscura	1 tarro	28	3	0	0
Pulque	Natural	1 vaso	43	1.1	0.4	0
Vinos	Tinto	1 copa	82	0.4	0	0
	Rosado	1 copa	85	3.0	0	0
	Blanco	1 copa	90	4.1	0	0
	Sidra	1 copa	42	4.3	0	0
Licores	Ron	1 copa	65	0	0	0
	Brandy	1 copa	65	0	0	0
	Vodka	1 copa	65	0	0	0
	Whisky	1 copa	65	0	0	0
	Jerez	1 copa	35	1.0	0	0
	Tequila	1 copa	71	0	0	0

¿Qué comemos?

Como ya hemos visto, la causa principal del problema de la obesidad es la alimentación inadecuada. La grasa es la principal responsable del aumento de peso.

Para que comprendas esto con mayor facilidad veamos de qué están compuestos los alimentos que ingieres diariamente:

- PROTEÍNAS:

  Se encargan de restaurar los tejidos del cuerpo. Además de aportar energía son las creadoras de los anticuerpos, enzimas y hormonas. Una vez asimiladas por el organismo se transforman en aminoácidos. El cuerpo necesita cerca de veinte tipos de aminoácidos, ocho de los cuales se obtienen de los alimentos, para funcionar correctamente. Las proteínas se encuentran en los alimentos de origen animal como huevos, carne, pescado, leche y sus derivados, pero también en la soya, en los cereales, en las leguminosas y en las frutas secas.

- HIDRATOS DE CARBONO:

  a) Monosacáridos como la fructosa, la galactosa y la glucosa.

  b) Disacáridos como la sacarosa, la lactosa y la maltosa.

  c) Polisacáridos como la fécula, los almidones y la fibra.

  Los monosacáridos y los disacáridos son de rápida asimilación, los polisacáridos son de más difícil digestión. La función principal de los hidratos de carbono o carbohidratos es proveer de energía rápidamente, pero también sirven para limpiar los intestinos, como si fueran una escoba. El cerebro y el sistema nervioso son algunos de los tejidos a los que aportan energía. La principal fuente de carbohidratos es el almidón, que se encuentra en las papas, las leguminosas, el arroz y la harina, pero también existen en la fruta y los lácteos.

- GRASAS:

  a) Grasas saturadas o animales (malas): dañan al corazón, engordan y afectan la salud acortando los años de vida. Es recomendable eliminarlas por completo de tu alimentación. Se encuentran en helados, pan y botanas comerciales, la yema de huevo, los cortes de carne, los embutidos, etcétera.

b) Grasas insaturadas o vegetales (buenas): protegen al corazón y a las arterias, humectan la piel, estimulan al sistema inmunológico y actúan como antioxidantes naturales. Consúmelos diariamente en pequeñas cantidades. Están en el aceite de oliva, las frutas secas naturales, las sardinas, el salmón, el aceite de germen de trigo, el aceite de lino, etcétera.

Las grasas aportan energía calórica al organismo e intervienen en la absorción de las vitaminas liposolubles como la A, D, E y K. Son muy necesarias pero requerimos de poca cantidad; 2 cucharadas de aceite al día bastan para cubrir las necesidades del organismo.

Es importante recordar que cada gramo de estos elementos aportan diferentes cantidades de calorías por unidad:

1 gr de proteína = 4 calorías
1 gr de carbohidratos = 4 calorías
1 gr de grasa = 9 calorías

Como se puede observar, cada gramo de grasa aporta más del doble de calorías que el resto de los elementos. ¿Comprendes por qué es tan fácil almacenar grasa y ganar peso?

La dieta

Juventud, esbeltez y belleza son conceptos idealizados día con día. Pero ¿cómo lograr acercarse a estos ideales? A partir

de este momento y hasta el final del libro te enseñaré paso a paso cómo lucir mejor, cómo verte más delgada y como consecuencia, más joven. Sólo necesitas tres cosas sencillas:
- Quererte mucho y estar conciente de que lo más importante es tu salud.
- Constancia: es la clave del éxito.
- Paciencia: recuerda que todo proceso de cambio requiere de cierto tiempo.

Si sigues mis instrucciones y pones de tu parte con lo que te pido, los cambios serán notorios. Una vez dicho esto, iniciemos el recorrido hacia una vida mejor, más sana, más plena y más feliz.

Al cuerpo tenemos que cuidarlo por fuera y por dentro. La alimentación juega un papel primordial en esos cuidados y una mala alimentación es la principal causa de la obesidad y de un sinfín de enfermedades. Pero ten mucho cuidado, no puedes sólo dejar de comer para solucionar el problema de la obesidad. El tratamiento completo hará que los resultados sean permanentes y siempre debe realizarse bajo supervisión médica.

Las dietas *express*, que te ofrecen perder gran cantidad de peso en poco tiempo, son dañinas para el organismo, ya que lo desestabilizan, además de que tienen efecto de "rebote", es decir, tu cuerpo recupera esos kilos perdidos y algunas veces mucho más. Las dietas milagrosas no existen.

La única manera de eliminar grasa corporal es gastando más energía de la que ingieres.

No olvides que tu cuerpo es sabio y delicado. No juegues con él.

La pirámide nutricional

Todos los alimentos que consumimos pertenecen a un grupo específico. Puedes comer de todo, el secreto está en balancear tu dieta para evitar comer más de un grupo, produciendo un desequilibrio en tu organismo.

Es esencial que conozcas la pirámide de los alimentos para que puedas controlar tu peso. Para mejorar tu salud necesitas comer una mayor cantidad de los alimentos pertenecientes a la base de la pirámide y reducir los situados en la cúspide.

Pirámide nutricional

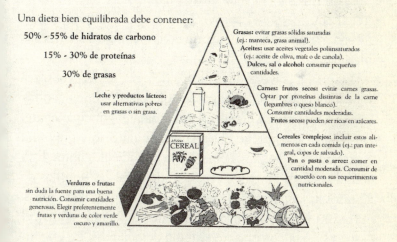

Terapia nutricional

Estos son algunos de los elementos que no deben faltar en tu dieta diaria:

- BETA CAROTENO: favorece la pérdida de peso, estimula el sistema inmunológico y previene las infecciones. Se en-

cuentra en zanahorias, calabazas, espinacas, duraznos, camote y naranja, entre otros.
- CROMO: es esencial para el funcionamiento de la insulina, ayudándole a desempeñarse adecuadamente en la sangre. Produce intolerancia a la glucosa, ayuda a metabolizar las grasas y los azúcares, inhibe el apetito. Lo encontramos en la levadura de cerveza.
- FIBRA: regula la absorción de los azúcares e impide que lleguen a la sangre, elimina toxinas del cuerpo, reduce la producción de colesterol, ayuda a controlar el peso y la diabetes, favorece el funcionamiento intestinal. La encontramos en el frijol, la manzana, los cereales, las algas marinas, la calabaza, el camote, las ciruelas, los chícharos, los higos y la avena entre otros.
- LECITINA: mejora el aprovechamiento de las proteínas y ayuda a adelgazar, se encuentra en las semillas de soya y sus derivados.
- VITAMINA C: favorece la pérdida de peso, refuerza el sistema inmunológico, aminora las infecciones. La encontramos en los cítricos, el brócoli y el jitomate, principalmente.
- VITAMINA E: protege el sistema circulatorio y previene del daño que causan al organismo los radicales libres. Está en el germen de trigo, el aceite de soya, las semillas de girasol, las avellanas y los cereales integrales entre otros.
- VITAMINA B: favorece la pérdida de peso, actúa contra el estrés y fortalece nuestro sistema de defensas. Lo encontramos en el arroz, la leche, el pescado, las hortalizas de hoja verde, los frutos secos, la naranja y el plátano.
- ZINC: mejora el estado de ánimo, libera del nerviosismo, aumenta la agudeza del sentido del gusto. Se encuentra en el durazno, la harina integral, el huevo, las setas, la levadura de cerveza, los ostiones, etcétera.

- AGUA: desintoxica y favorece la regeneración celular, activa la circulación, hidrata nuestra piel y ayuda a eliminar la grasa corporal. La encontramos en frutas y verduras, además de la forma común.
- ALGAS: combaten el estreñimiento, evitan las hemorroides, disminuyen el colesterol, protegen contra el cáncer, controlan la glucosa e impiden la obesidad.
- POLEN DE ABEJAS: estimula el metabolismo y frena el apetito.

Alimentos que te ayudan a bajar de peso y reducen el apetito

Esta lista de alimentos te ayudará a combinar diferentes alimentos para que tu comida siempre sea nutritiva, variada y, sobre todo, deliciosa. Esta lista se puede consumir de forma libre, ya que su contenido en hidratos de carbono (azúcar) es muy bajo.

VERDURAS:
Alcachofa, apio, acelga, coliflor, espárrago, betabel, col china, berenjena, pimiento verde, lechuga, calabaza, ajo, rábano, espinaca, chilacayote, berro, nabo, tomate, col de Bruselas, nopal, cebollín, col, pepino, pimiento morrón, cebolla, perejil, jitomate, brócoli, xoconoztle, hongos.

FRUTAS:
Chabacano, melón chino, arándano, tejocote, mandarina, capulín, manzana, melón, cereza, pera, piña, ciruela, chicozapote, chirimoya, dátil, plátano tabasco, plátano dominico, fresa, granada china, higo, jícama, durazno, mamey, mango, lima, limón, mora, naranja, guayaba, sandía, membrillo, frambuesa, tangerina, perón, grosella, toronja, nectarina, papaya, zarzamora.

Menús para adelgazar por zonas

Estos menús te ayudarán a reducir grasa en zonas específicas de tu cuerpo. Es necesario que los combines con una rutina de ejercicios, más adelante (página 99) encontrarás ejercicios que te ayudarán a lograr tus objetivos.

Toma mucha agua, mínimo 8 vasos al día, para que puedas eliminar a través de la orina las toxinas y grasas que perderás con la dieta.

Consume el menú durante 15 días.

De los siguientes menús elige diariamente una de las opciones que te doy para que no te aburra la dieta y puedas variarla a tu gusto.

Recuerda que para que los cambios sean definitivos, tienes que ser constante. Llegará un momento, sin que tú lo notes, en el que comer sano sea tu forma de vida.

Plantéate objetivos reales. No intentes bajar todos los kilos que tienes de más en poco tiempo. ¡Tómalo con calma! Así evitarás desesperarte y sentirte frustrado.

No olvides que la comida sana no está peleada con el sabor.

Disfruta de tus alimentos. Haz del comer un placer, hay mil y un formas de darle sabor a tus comidas sin agregar kilos a tu cuerpo.

Consulta a tu médico ante cualquier duda.

¡Buen provecho!

Para adelgazar mejillas y papada

Nunca te brinques el desayuno. Este es el alimento más importante del día y te ayudará a no llegar a la comida con un hambre desesperada.

Desayuno a escoger

JUGOS:
1 vaso de jugo de naranja
1 vaso de jugo de toronja
1 vaso de jugo de naranja con papaya
1 vaso de jugo de zanahoria
1 vaso de jugo de nopal con toronja

FRUTA:
1 plato de papaya
1 plato de piña
1 toronja
1 plato de sandía
1 manzana grande

Puedes agregar a la fruta 2 cucharadas de avena, salvado o granola.

PLATO FUERTE:
2 huevos al gusto cocinados sin aceite
2 huevos revueltos con queso *cottage*
2 nopales asados con salsa mexicana
2 enchiladas rellenas de queso *cottage*
1 plato de cereal con pasas con $^1/_2$ taza de leche descremada

Puedes consumir una rebanada de pan integral además de los platos anteriores.

BEBIDAS:
Consulta la lista de tés en la sección de *Herbolaria* en la página 67.

1 taza de té negro ligero
1 taza de té de manzanilla
1 taza de té de limón
1 vaso de licuado (consulta la sección de *Jugoterapia* en la página 59)
1 taza de atole en agua o leche descremada
1 taza de café descafeinado sin azúcar

Comida a escoger

ENTRADAS:
ensalada de nopales
ensalada de pepino con zanahoria rallada (cruda)
ensalada de jícama con germen de trigo
ensalada de jitomate con pimiento morrón
ensalada de lechuga romana con cebolla y perejil

Para aderezar tus ensaladas utiliza limón y sustituto de sal en pequeña cantidad.

SOPAS:
1 tazón de sopa de verdura
1 tazón de sopa de poro
1 tazón de sopa de flor de calabaza
1 tazón de sopa de hongo
1 tazón de sopa de lentejas

PLATO FUERTE:
1 chile poblano (sin capear) relleno de queso *cottage*
1 filete de pescado a la plancha
1 plato de espinacas y brócoli al vapor con un poquito de margarina

2 brochetas de tofu con pimiento y cebolla
2 nopales grandes asados acompañados de queso *cottage*

Acompaña tus alimentos con agua natural, agua mineral o de frutas naturales sin azúcar.
　　Puedes consumir 1 rebanada de pan integral.

Cena a escoger

Si te apetece puedes consumir algún menú del desayuno durante la cena.
1 plato de calabacitas al vapor
1 plato grande de ensalada de lechuga y pepino
1 plato de cereal con leche descremada
1 plato grande de fruta
1 plato de ensalada de berro o acelga con champiñones

Acompaña tu cena con una taza de té sin azúcar.

Para adelgazar espalda, brazo y pecho

Nunca te brinques el desayuno, es el alimento más importante del día.

Desayuno a escoger

JUGOS:
1 vaso de jugo de jitomate con gotas de limón
1 vaso de jugo de nopal con toronja
1 vaso de jugo de naranja
1 vaso de jugo de apio, perejil, pepino y nopal
1 vaso de jugo de naranja con manzana y avena

FRUTA:
½ taza de coctel de frutas frescas (sin melón)
1 plato de papaya con limón
2 rebanadas de piña natural
1 manzana o 1 pera medianas
1 plátano chico

Puedes agregar a tu fruta 2 cucharadas de avena, salvado o granola.

PLATO FUERTE:
2 enchiladas rellenas de queso *cottage*
1 taza de verduras al vapor con queso de yogur (puedes consumir una rebanada de pan integral)
1 huevo revuelto acompañado de 2 tortillas taqueras y salsa pico de gallo
1 taza de yogur descremado con fruta natural o cereal
2 rebanadas de pan tostado integral con queso *cottage*

BEBIDAS:
Consulta la lista de tés en la sección de *Herbolaria* en la página 67

1 taza de té negro ligero
1 taza de té de manzanilla
1 taza de té de limón
1 vaso de licuado (consulta la sección de *Jugoterapia* en la página 59)
1 taza de café descafeinado sin azúcar o sustituto de azúcar

Comida a escoger

ENTRADAS:
ensalada de brócoli y pimiento rojo
ensalada cruda de espinacas con champiñones
ensalada de lechuga con jitomate
ensalada de atún
ensalada césar

Para aderezar tus ensaladas utiliza limón y sustituto de sal en pequeña cantidad.

SOPAS:
1 tazón de sopa de flor de calabaza
1 tazón de sopa oriental
1 tazón de col
1 plato de arroz vegetariano
1 tazón de crema de pimiento

PLATO FUERTE:
1 porción de *chop suey* vegetariano
1 porción de platillo poblano
1 porción de picadillo de soya
1 rebanada de pay de verduras
1 porción de ejotes empapelados

Acompaña tus alimentos con agua natural, agua mineral o de frutas naturales sin azúcar.
    Puedes consumir 1 rebanada de pan integral o 1 tortilla de maíz o de harina integral.

Cena a escoger

Si te apetece puedes consumir algún menú del desayuno durante la cena.
1 tazón de cereal con ½ taza de leche descremada
1 vaso de gelatina de agua baja en calorías
1 manzana grande con cáscara
1 licuado (ver la sección de *Jugoterapia* en la página 59)
2 rebanadas de queso panela con 1 rebanada de pan tostado

Para adelgazar abdomen y cintura

Nunca omitas el desayuno ya que este es el alimento más importante del día.

Desayuno a escoger

JUGOS:
1 vaso de jugo de manzana con zanahoria
1 vaso de jugo de naranja con durazno
1 vaso de jugo de jitomate con pepino y limón
1 vaso de jugo de naranja con betabel
1 vaso de jugo de piña con alfalfa y guayaba

FRUTA:
1 plato de papaya
1 plato de pera en cuadritos
2 rebanadas de melón
5 ciruelas medianas
1 plátano

Puedes agregar a tu fruta 2 cucharadas de avena, salvado o granola.

PLATO FUERTE:
2 enfrijoladas con 2 rebanadas de queso panela, sin crema
2 quesadillas de queso oaxaca (una tira mediana) y salsa pico de gallo
1 sandwich integral de tofu con salsa de soya y verduras
1 frittata de verduras
1 plato de cereal con ½ taza de leche descremada

BEBIDAS:
Consulta la lista de tés en la sección de *Herbolaria* en la página 67.
1 taza de té negro ligero
1 taza de té de manzanilla
1 taza de té de limón
1 vaso de licuado (consulta la sección de *Jugoterapia* en la página 59)
1 taza de atole en agua o leche descremada
1 taza de café descafeinado sin azúcar

Comida a escoger

ENTRADAS:
ensalada verde con jocoque
ensalada de germinados
ensalada de chayote al vapor
ensalada de espinaca con manzana y semillas de girasol
ensalada de verdolagas crudas y jitomate

Para aderezar tus ensaladas utiliza limón y sustituto de sal en pequeña cantidad.

SOPAS:

1 tazón de sopa de zanahoria
1 tazón de sopa de poro
1 plato de arroz verde
1 tazón de crema de alcachofas
1 tazón de sopa de hongos

PLATO FUERTE:

guiso de ejotes con zanahorias
calabacitas rellenas
nopales asados acompañados con queso *cottage*
estofado de verduras
brocheta vegetariana

Acompaña tus alimentos con agua natural, agua mineral o de frutas naturales sin azúcar.

Cena a escoger

Si te apetece puedes consumir algún menú del desayuno durante la cena.
ensalada de pepino relleno
1 bisquet integral relleno de queso de yogur
1 malteada nutritiva
1 sandwich de pepino
1 gelatina de agua baja en calorías

Para adelgazar glúteos y piernas

Nunca omitas el desayuno ya que es la comida más importante del día.

Desayuno a escoger

JUGOS:
1 vaso de jugo de naranja con nopal, espinaca, xoconoztle, piña y pingüica
1 vaso de jugo de alfalfa, piña y toronja
1 vaso de jugo de manzana, zanahoria, apio y toronja
1 vaso de jugo de papaya, naranja y alfalfa
1 vaso de jugo de zanahoria con jitomate y limón

FRUTA:
1 plato de papaya
2 toronjas medianas con todo y pulpa
1 manzana grande con cáscara
2 rebanadas de melón
1 plato de coctel ligero

Puedes agregar a tu fruta 2 cucharadas de avena, salvado o granola.

PLATO FUERTE:
omelette (sólo claras) relleno de champiñones
1 tazón de cereal con ½ taza de leche descremada
1 rebanada de pan francés
1 tazón chico de frijoles de la olla (sin grasa)
2 huevos al gusto (sólo claras) sin grasa

BEBIDAS:
Consulta la lista de tés en la sección de *Herbolaria* en la página 67.
1 taza de té negro ligero
1 taza de té de manzanilla

1 taza de té de limón
1 vaso de licuado (consulta la sección de *Jugoterapia* de la página 59)
1 taza de atole en agua o leche descremada
1 taza de café descafeinado sin azúcar

Comida a escoger

ENTRADAS:
ensalada de nopales
ensalada de jícama, zanahoria y betabel rallados
ensalada de cacahuate
ensalada de col
ensalada cítrica

Para aderezar tus ensaladas utiliza limón y sustituto de sal en pequeña cantidad.

SOPAS:
1 tazón de sopa de lentejas
1 tazón de sopa de elote con chile poblano
1 tazón de sopa de verduras y fideos
1 tazón de crema de brócoli
1 tazón de sopa de jitomate

PLATO FUERTE:
carne de soya a la mexicana
albondigón de gluten
tinga poblana
pibil vegetariano
atún al ajonjolí

Acompaña tus alimentos con agua natural, agua mineral o de frutas naturales sin azúcar.

Cenas a escoger

Si te apetece puedes consumir algún menú del desayuno durante la cena.
1 tazón de cereal con $^1/_2$ taza de leche descremada
1 ensalada de amaranto
1 sorbete de yogur
avena al horno con manzana
2 *hot cakes* integrales

Jugoterapia

Si lo que quieres es bajar de peso de manera permanente, debes tomar muy en cuenta las frutas y las verduras. Estas son un alimento importantísimo en tu dieta por la cantidad de agua que contienen.

Los jugos de fruta te dan energía y arrasan con deshechos tóxicos acumulados en el organismo.

Los jugos de verduras aceleran la eliminación de estas toxinas y te ayudan a renovar la sangre, los huesos y los tejidos en general, te mantienen sano y sobre todo delgado.

Intégralos en tu dieta diaria y los resultados serán asombrosos.

Al consumir frutas y verduras es necesario que sigas las siguientes recomendaciones:
- Procura que las frutas y verduras que utilices sean frescas, evita aquellas congeladas o en conserva.
- Toma los jugos inmediatamente después de prepararlos, entre más tiempo pasa, más disminuyen sus propiedades.

- Tómalos en el desayuno.
- Lava y desinfecta perfectamente todas las frutas y verduras.

JUGO "quema grasa" 1

Ingredientes:
1 nopal
1 xoconoztle
1 toronja (sólo el jugo)
2 guayabas

Preparación:
Licua todos los ingredientes.

JUGO "quema grasa" 2

Ingredientes:
½ manzana sin cáscara
½ zanahoria pelada
1 ramita de apio
2 ramitas de hinojo
½ papa cruda sin cáscara
agua suficiente

Preparación:
Lava y desinfecta previamente las frutas y verduras. Licua los ingredientes con el agua.

JUGO "quema grasa" 3

Ingredientes:
2 zanahorias grandes
1 rebanada delgada de cebolla
4 trozos de brócoli
3 rebanadas de piña
1 naranja

Preparación:
Pasa todos los ingredientes por el extractor. Mezcla con el jugo de naranja y sirve.

JUGO "dietético" 1

Ingredientes:
500 g de zanahoria
300 g de apio
3 betabeles

Preparación:
Pasa todos los ingredientes por el extractor de jugos. Mézclalos y sirve.

JUGO "dietético" 2

Ingredientes:
1 rebanada de papaya
5 fresas
2 toronjas (sólo el jugo)

Preparación:
Mezcla todos los ingredientes con el juego de toronja y sirve.

JUGO "buen día"

Ingredientes:
2 rebanadas de piña natural
2 mangos
2 naranjas (sólo el jugo)
115 ml de agua mineral

Preparación:
Mezcla perfectamente todos los ingredientes en la licuadora, cuela y sirve.

Jugo "súper-fibra" 1

Ingredientes:
2 zanahorias grandes
1 manojo de espinaca
1 tallo de apio
2 naranjas (sólo el jugo)

Preparación:
Pasa las zanahorias, el apio y las espinacas por el extractor de jugos.
Mezcla con el jugo de naranja y sirve.

Jugo "súper-fibra" 2

Ingredientes:
1 nopal mediano
1 trozo de col
1 trozo de sábila mediano
½ pepino mediano
1 rebanada de piña
2 naranjas (sólo el jugo)

Preparación:
Raspa el interior de la sábila hasta sacarle toda la pulpa y colócala en la licuadora, agrega los demás ingredientes y licua. Cuela y sirve.

Jugo "súper-fibra" 3

Ingredientes:
1 nopal mediano
1 tallo de apio
1 ramita de perejil
1 manzana chica

1 rebanada de piña
115 ml de agua mineral

Preparación:
Pasa todos los ingredientes por el extractor. Mezcla perfectamente con el agua mineral y sirve.

JUGO "súper-fibra" 4

Ingredientes:
2 zanahorias grandes
1 tallo de apio
5 hojas de espinaca
2 naranjas (sólo el jugo)

Preparación:
Pasa todos los ingredientes por el extractor. Mezcla con el jugo de las naranjas y sirve.

JUGO "adiós a las llantitas"

Ingredientes:
1 rebanada de papaya
2 toronjas (sólo el jugo)
2 naranjas (sólo el jugo)
115 ml de agua mineral

Preparación:
Mezcla en la licuadora todos los ingredientes y sirve.

JUGO "delicia tropical"

Ingredientes:
1 mango
50 g de fresa

2 rebanadas de piña
115 ml de agua mineral

Preparación:
Mezcla todos los ingredientes en la licuadora y sirve.

JUGO "energizante" 1

Ingredientes:
2 rebanadas de piña
5 fresas
2 naranjas (sólo el jugo)
1 limón (sólo el jugo)

Preparación:
Mezcla todos los ingredientes en la licuadora y sirve.

JUGO "energizante" 2

Ingredientes:
1 manzana chica
2 naranjas (sólo el jugo)
2 rebanadas de piña
115 ml de agua mineral

Preparación:
Mezcla todos los ingredientes en la licuadora y sirve.

JUGO "amarillo"

Ingredientes:
2 rebanadas de piña
1 guayaba grande
2 naranjas (sólo el jugo)
2 cucharaditas de avena
115 ml de agua mineral

Preparación:
Mezcla todos los ingredientes en la licuadora y sirve.

Licuados depurativos

Licuado 1

Ingredientes:
1 zanahoria grande
1 durazno sin hueso
140 ml de leche de soya o descremada
1 cucharadita de miel
canela en polvo para decorar

Preparación:
Licua perfectamente los ingredientes y sirve. Espolvorea un poco de canela.

Licuado 2

Ingredientes:
4 fresas grandes
1 pera sin corazón en trozos
240 ml de leche de soya o descremada
canela en polvo para decorar

Preparación:
Licua perfectamente los ingredientes y sirve. Espolvorea un poco de canela.

Licuado 3

Ingredientes:
1 rebanada de papaya
$1/2$ durazno

240 ml de leche de soya o descremada
2 cucharadas de salvado
1 cucharadita de amaranto
1 cucharada de miel

Preparación:
Licua perfectamente los ingredientes y sirve.

Licuado 4

Ingredientes:
1 pera mediana
240 ml de leche de soya o descremada
2 cucharadas de pepitas naturales peladas sin sal
canela para decorar

Preparación:
Licua perfectamente los ingredientes y sirve.
Espolvorea un poco de canela.

Licuado 5

Ingredientes:
4 ciruelas pasas deshuesadas
1 rebanada de papaya
3 nueces limpias
1 cucharada de salvado
240 ml de leche de soya o descremada
$^1/_2$ cucharada de avena
canela para decorar

Preparación:
Licua perfectamente los ingredientes y sirve. Espolvorea un poco de canela.

Herbolaria

FITOTERAPIA: del griego *phyton*: planta y *therapeia*: tratamiento.

A continuación conocerás útiles infusiones de plantas que te ayudarán a combatir y prevenir la obesidad. Ten en cuenta los siguientes consejos:
- Prepáralos con una cucharada de cada planta.
- Puedes combinar hasta 3 tés distintos.
- Agrega a un litro de agua hirviendo, deja reposar durante 10 minutos y cuela.
- Bebe una taza antes de cada comida o toma como agua de tiempo durante el día.
- Evita consumir la infusión de un día anterior o tomar la misma por más de 20 días.

Tés recomendables para bajar de peso

acederilla	cabello de ángel	encino
ajenjo	canela	enhebro
alga magra	cardón	escabiosa
algarrobo	carlina	fenogreco
almendro	centaura menor	frambuesa
angélica	chachacoma	fresa
arándano rojo	clavel	hinojo
arrayán	cola de caballo	hisopo
atropa belladona	colcomeca	jazmín
azahar	correhuela	jengibre
bolsa de pastor	dedalera	laurel
buchu	diente de león	lechua
burro (andino)	durazno	limón

linaza
manzanilla
membrillo
mirtilo
moral
mortilla
naranjo
nuez moscada
olivo
orchis maculata
papaina
piña
puerro
pulmonaria
sauco
tamarindo
toronjil
valeriana
vara de oro
verónica
zapollo

RECETARIO

Ensaladas

Ensalada de atún
(4 porciones)

Ingredientes:
2 latas de atún en agua
1 manojo de berros lavados y desinfectados
1 apio finamente picado
1 jitomate picado en cuadritos
cebolla finamente picada (al gusto)
2 limones (sólo el jugo)

Preparación:
Integra todos los ingredientes.
Sirve todo sobre una hoja de lechuga.

Ensalada césar
(4 porciones)

Ingredientes:
1 lechuga romana lavada y desinfectada
1 manojo de espinacas

1 diente de ajo
¼ de taza de aceite de oliva
1 limón (sólo el jugo)
1 yema de huevo
1 cucharadita de mostaza
½ taza de queso parmesano bajo en grasa

Preparación:
Lava y seca la lechuga y las espinacas.
Córtalas en trocitos y déjalas a un lado.
En un recipiente de madera aplasta el diente de ajo con un tenedor, añade el aceite de oliva, remueve bien y quita los trocitos de ajo.
Agrega el jugo de limón y bate con un tenedor hasta que la mezcla sea cremosa.
Añade la yema de huevo y la mostaza y sigue batiendo.
Agrega una parte del queso.
Añade las hortalizas y mezcla bien.
Agrega el resto del queso e integra todos los ingredientes.

Coctel ligero

(4 porciones)

Ingredientes:
2 peras
4 toronjas (en gajos)
¼ de uvas sin semilla

Preparación:
Parte las peras por la mitad y corta rebanadas delgadas.
Forma una corona con las rebanadas dejando el centro libre.
Arma una rosa con los gajos de toronja comenzando de afuera hacia adentro. Coloca las uvas alrededor.

Ensalada de brócoli y ajonjolí
(4 porciones)

Ingredientes:
2 tazas de brócoli
4 tazas de agua
2 cucharaditas de aceite de ajonjolí
1 1/2 cucharadas de ajonjolí

Preparación:
Calienta una sartén con recubrimiento antiadherente.
Agrega las verduras y el agua.
Saltea de 7 a 10 minutos o hasta que estén blandas.
Retira del fuego y sirve en una ensaladera.
Rocía con el aceite de ajonjolí y espolvorea con las semillas de ajonjolí.

Ensalada verde con jocoque
(4 porciones)

Ingredientes:
1 taza de germinado de alfalfa
1 taza de chícharo tierno
1/2 pepino en cuadritos
1/2 taza de semilla de calabaza
300 ml. de jocoque

Preparación:
Mezcla todos los vegetales.
Adereza con el jocoque y las semillas de calabaza.

Ensalada de germinados
(4 porciones)

Ingredientes:
250 g de germinado de alfalfa
250 g de germinado de soya
2 ramas de apio picado
1 pimiento grande en rajas
¼ de taza de salsa de soya
2 limones (sólo el jugo)

Preparación:
Mezcla los vegetales.
Adereza con el jugo de limón y la salsa de soya.

Ensalada de pepino relleno
(4 porciones)

Ingredientes:
2 pepinos grandes
250 g de queso *cottage*
1 pimiento picado
1 rama de apio picado

Preparación:
Corta los pepinos por la mitad.
Mezcla el queso *cottage* con el pimiento y el apio.
Quita las semillas de los pepinos y rellena con esta mezcla.

Ensalada de manzana con pimiento
(4 porciones)

Ingredientes:
4 manzanas en cuadritos
3 pimientos en tiritas

½ taza de jugo de manzana
10 nueces picadas

Preparación:
Mezcla todos los ingredientes y sirve de inmediato.

Ensalada de espinaca con manzana
(4 porciones)

Ingredientes:
4 manzanas grandes
250 g de espinaca tierna
50 g de semilla de girasol
½ taza de yogur natural

Preparación:
Corta la manzana con cáscara en rodajas delgadas y la espinaca en tiritas finas.
Coloca sobre un platón.
Vierte encima el yogur y agrega las semillas de girasol.

Ensalada de verdolaga cruda con jitomate
(4 porciones)

Ingredientes:
250 g de verdolagas
1 jitomate
cebolla al gusto
orégano al gusto
½ cucharadita de aceite de oliva

Preparación:
Lava, desinfecta y pela en tallos finos las verdolagas.
Pica finamente la cebolla y el jitomate y mézclalos con las verdolagas.
Agrega el orégano, el aceite de oliva y sirve.

Ensalada de cacahuate

(4 porciones)

Ingredientes:
3 litros de agua
1 taza de apio picado
4 tallos de coliflor desmadejados
16 cebollitas de cambray cortadas en 4
2 jícamas cortadas en cubos
2 tazas de germen de soya
1 taza de cacahuate
½ cucharada de aceite de oliva
salsa de soya
2 limones

Preparación:
Hierve los 3 litros de agua con sal.
Coloca el apio, la coliflor y las cebollitas de cambray en una coladera metálica.
Sumérgelas en el agua durante 3 minutos y escúrrelas, repite la operación y reserva.
Calienta en una cacerola honda el aceite de oliva y vierte las jícamas, los cacahuates y el germen, cocina por dos minutos a fuego alto sin dejar de mover.
Agrega el resto de las verduras.
Sazona con la salsa de soya y el jugo de limón.

Ensalada de col

(4 porciones)

Ingredientes:
1 col morada mediana
1 pimiento rojo grande
1 pimiento verde grande

3 cucharaditas de crema baja en grasa
1 cucharadita de aceite de oliva

Preparación:
Lava y filetea finamente la col y los pimientos.
Calienta el aceite de oliva en una sartén y mueve durante 3 minutos.
Agrega la col y tapa por 3 minutos para que se cueza, mueve de vez en cuando.
Agrega la crema, cocina por dos minutos y sirve.

Ensalada cítrica
(4 porciones)

Ingredientes:
$1/2$ vaso de jugo de naranja
$1/2$ vaso de jugo de toronja
4 toronjas en gajos
4 naranjas en gajos
1 manojo de hojas de acelga
4 cucharadas de ajonjolí tostado
1 cucharadita de salsa de soya
1 cucharadita de aceite de oliva

Preparación:
Coloca en un tazón el jugo de naranja y toronja con el aceite de oliva y la salsa de soya.
Agrega un poco de la vinagreta anterior a las hojas de acelga y mezcla rápidamente.
Acomoda los gajos de toronja y naranja alrededor de un plato alternando las dos frutas.
Coloca las acelgas mezcladas al centro del plato, espolvorea una cucharada de ajonjolí tostado y sirve.

Ensalada amaranto
(4 porciones)

Ingredientes:
36 rodajas de jícama fresca
4 guayabas partidas por la mitad y fileteadas
4 kiwis pelados, partidos por la mitad y fileteados
4 rebanadas de papaya maradol
1 carambola pelada y en rebanadas
$^1/_2$ litro de yogur natural bajo en grasa
amaranto al gusto

Preparación:
Coloca alrededor del plato 9 rodajas de jícama y encima de estas una rebanada de guayaba.
Vierte el yogur al centro y sobre él agrega la papaya, el kiwi, la carambola y el amaranto.

Sopas y cremas

Sopa de lenteja
(4 porciones)

Ingredientes:
1 $^1/_2$ taza de lentejas
7 $^1/_2$ tazas de agua
1 pastilla de caldo vegetal
1 pizca de tomillo
1 toque de pimientón
2 cucharadas de aceite de oliva
2 dientes de ajo
1 cebolla
2 zanahorias grandes

2 tallos de apio
sustituto de sal

Preparación:
Calienta el aceite en una cazuela.
Pica el ajo y la cebolla finamente y saltéalos en el aceite, removiendo de vez en cuando y hasta que se acitronen.
Pica las zanahorias y el apio e incorpóralos a la cazuela removiendo; añade las lentejas y mezcla.
Vierte el agua; cuando la sopa hierva agrega el caldo en pastilla, el tomillo y el pimientón.
Tapa bien y deja hervir a fuego mediano-lento de 45 minutos a una hora o hasta que las lentejas estén muy blandas.
Deja enfriar un poco la sopa.
Para que esté cremosa, vierte la mitad en el vaso de la licuadora y hazla puré.
Echa el puré junto al resto de la sopa en la cazuela.
Calienta de nuevo y sirve.

Sopa de elote con chile poblano
(4 porciones)

Ingredientes:
8 mazorcas frescas de maíz desgranadas
1 tallo de apio
1 cebolla pequeña
2 cucharadas de aceite de oliva
6 tazas de agua
1 cucharada de maicena
$1/4$ de taza se agua fría
$1/2$ cucharadita de sustituto de sal
1 pastilla de caldo vegetal
1 chile poblano en rajas

Preparación:
Pica el apio y la cebolla, calienta el aceite en una cazuela y saltéalos hasta que acitronen.
Incorpora los granos de maíz, saltéalos.
Añade el agua y cuando comience a hervir disuelve la maicena en la taza de agua fría.
Añade la mezcla anterior a la sopa para que espese y aderézala con la pastilla de caldo y el sustituto de sal.
Revuelve hasta que hierva.
Agrega las rajas de chile poblano.
Deja cocer a fuego lento durante 15 o 20 minutos.
Sirve caliente.

Sopa de verdura y fideos
(4 porciones)

Ingredientes:
1 cebolla mediana picada gruesa
1 diente de ajo picado
1 tallo grande de apio picado
3 zanahorias medianas cortadas en rodajas
2 calabazas grandes cortadas en rodajas
$1/2$ col pequeña picada gruesa
1 cucharadita de tomillo
1 cucharadita de orégano
1 cucharadita de albahaca
1 cucharadita de sustituto de sal
1 taza de pasta integral seca (fideos o spaguetti)
8 tazas de agua

Preparación:
Vierte el agua en una olla grande y espera a que hierva.
Añade la cebolla, el ajo, el apio, las zanahorias, las calabazas y la col.

Agrega el tomillo, la albahaca y el sustituto de sal cuando esté hirviendo nuevamente.
Tapa y deja hervir a fuego mediano-lento hasta que las verduras estén tiernas.
Hierve 1 litro de agua en una olla y añade $1/2$ cucharadita de sal y la pasta.
Cuando esté *al dente* escúrrela y agrega a la sopa.
Revuelve mientras hierve un poco más a fuego lento.

Crema de brócoli
(4 porciones)

Ingredientes:
2 brócolis grandes
2 tallos de apio
1 cebolla
1 diente de ajo
3 cucharaditas de aceite de oliva
$1/2$ cucharadita de sustituto de sal
$1/4$ de cucharadita de tomillo
$1/4$ de cucharadita de hierbas de olor
6 tazas de agua

Preparación:
Calienta el aceite a fuego lento.
Pica el ajo, la cebolla y el apio y saltéalos en el aceite hasta que acitronen.
Corta los brócolis y saltéalos en el aceite junto con las otras verduras.
Añade el agua y espera a que hierva.
Agrega la sal, el tomillo y las hierbas de olor.
Tapa la cazuela y deja hervir a fuego lento durante 15 minutos.

Retira 2 tazas de ramitos de brócoli antes de que se deshagan.
Pon las verduras restantes en el vaso de la licuadora cuando la sopa haya enfriado un poco.
Licua las verduras hasta obtener un puré.
Devuelve a la cazuela y mezcla con el caldo sobrante y los ramitos de brócoli.
Calienta la sopa hasta que hierva suavemente.

Sopa de jitomate
(4 porciones)

Ingredientes:
500 g de jitomate
1 papa cocida
1 cebolla
1 hoja de laurel
1 litro de agua
1 raja de canela
1 cucharadita de margarina *light*
sustituto de sal al gusto

Preparación:
Cuece el jitomate picado, la cebolla, el laurel y la canela.
Licua con la papa y sofríe en la margarina.
Agrega el agua, deja hervir hasta que espese.

Sopa oriental
(4 porciones)

Ingredientes:
1 taza de champiñones rebanados
½ taza de pimiento verde en cuadritos

½ taza de pimiento rojo en cuadritos
1 taza de espinaca finamente picada
1 paquete de fideo de soya
5 tazas de agua
sustituto de sal al gusto

Preparación:
Pon el agua en un recipiente al fuego; cuando hierva agrega las verduras.
Remoja los fideos unos minutos en agua fría y córtalos en pedazos pequeños; agrégalos al caldo con la verdura y sazona con sal.

Sopa de col
(4 porciones)

Ingredientes:
500 g de col
½ litro de agua
1 cucharadita de aceite de oliva
2 dientes de ajo
1 cucharadita de margarina *light*

Preparación:
Corta la col finamente y ponla a hervir.
Agrega la margarina a una cacerola y sofríe la col escurrida, conserva el caldo.
Vuelve a hervir por 20 minutos.
Agrega los ajos.
Añade sal al gusto.
Sirve muy caliente.

Sopa de flor de calabaza

(4 porciones)

Ingredientes:

500 g de flor de calabaza
1 cebolla chica en rodajas
1 papa en cuadritos
2 jitomates
1 diente de ajo
1 litro de agua
sustituto de sal al gusto

Preparación:

Acitrona la cebolla y agrega la flor de calabaza y las papas.
Licua el jitomate con la cebolla y el ajo.
Agrega el caldillo de jitomate colado cuando las verduras estén tiernas.
Deja cocer a fuego normal hasta que hierva.
Deja cocinar por 10 minutos a fuego lento cuando suelte el primer hervor.

Arroz vegetariano

(4 porciones)

Ingredientes:

1 taza de arroz integral crudo
1 apio picado en trozos
1 cucharada de aceite de oliva
1 cebolla
1 diente de ajo

Preparación:

Calienta el aceite de oliva en una cazuela y agrega el apio, la cebolla y el ajo hasta que acitronen.
Agrega el arroz y añade 3 tazas de agua caliente.
Tapa y deja cocer a fuego lento.

Sopa de zanahoria
(4 porciones)

Ingredientes:
5 zanahorias grandes
1 litro de agua
1 cebolla chica
1 diente de ajo
1 cucharadita de margarina *light*
$1/4$ de queso oaxaca

Preparación:
Cuece las zanahorias, la cebolla y el ajo y muélelos con su propio jugo.
Acitrona la cebolla con la mantequilla y agrega la zanahoria ya molida y el agua.
Deja cocer a fuego lento hasta que hierva, moviendo constantemente.
Agrega unas tiras de queso para decorar.

Sopa de poro
(4 porciones)

Ingredientes:
3 poros grandes finamente rebanados
1 diente de ajo
cebolla chica en rodajas
1 cucharadita de margarina *light*
$1/2$ litro de agua
sustituto de sal al gusto

Preparación:
Fríe las rebanadas de poro, el diente de ajo y unas rodajas de cebolla.
Agrega poco a poco el agua cuando acitrone la verdura.
Deja hervir y sazona con sal.

Arroz verde

(4 porciones)

Ingredientes:

2 tazas de arroz
4 chiles poblanos chicos
¼ de queso panela bajo en grasa
1 cebolla
2 dientes de ajo
2 cucharaditas de aceite de oliva
crema baja en grasa
1 poro

Preparación:

Sigue las indicaciones de la receta anterior (pág. 82) para preparar el arroz.
Asa los chiles, desvénalos y rellénalos con queso.
Pon a hervir el poro en dos litros de agua.
Pon a calentar el aceite de oliva y vacía el arroz, dora un poco y agrega la cebolla y el ajo.
Añade agua y poro hasta cubrir el arroz.
Deja hervir a fuego lento hasta que el agua se consuma.
Acomoda los chiles ya rellenos sobre el arroz y agrega la crema.

Crema de alcachofa

(6 porciones)

Ingredientes:

6 alcachofas grandes
¼ de kilo de champiñones frescos en trozos
½ cebolla picada
8 tazas de consomé o agua
¼ de barrita de margarina *light*

¼ de taza de crema ligera
1 pizca de bicarbonato
sustituto de sal y pimienta al gusto

Preparación:
Cuece las alcachofas en bastante agua con sal y con el bicarbonato para que queden con buen color.
Saltea la cebolla y los champiñones con la margarina durante 20 minutos a que queden suavecitos, sazónalos con sal y pimienta.
Deja enfriar, separa las hojas de los corazones y límpialos; deshecha las hojas más duras.
Aparta tres corazones y córtalos en trocitos.
Muele las hojas más tiernas poco a poco con el consomé, cuela cada vez el líquido obtenido.
Muele los demás corazones y los champiñones con el resto del consomé y mezcla con el líquido de las hojas.
Calienta y deja que suelte el hervor.
Agrega la crema al momento de servir.

Crema de hongo
(6 porciones)

Ingredientes:
½ kilo de champiñones frescos
¼ de barrita de margarina *light*
½ cebolla picada
1 ramita de perejil picado
½ taza de crema ligera
6 tazas de consomé o agua
páprika
sustituto de sal y pimienta

Preparación:
Acitrona la cebolla en la margarina y agrega los champiñones lavados y cortados en trozos junto con el perejil.
Sazona con sal y pimienta y cuece a fuego lento por 20 minutos.
Agrega el consomé y deja hervir durante una hora.
Deja enfriar un poco y muele en la licuadora.
Incorpora la crema y agrega la páprika.
Sirve muy caliente, es importante que no vuelva a hervir.

Crema de pimiento
(4 porciones)

Ingredientes:
1 pimiento rojo asado sin piel ni semillas
2 zanahorias
½ cebolla
1 diente de ajo
5 tazas de consomé o agua
1 taza de leche descremada
sustituto de sal y pimienta

Preparación:
Licua perfectamente el pimiento, las zanahorias, la cebolla y el ajo con la leche descremada.
Pon lo anterior en un recipiente al fuego, añade el consomé y deja unos minutos.
Sazona con sal y pimienta.

Platos fuertes

Estofado de verduras
(4 porciones)

Ingredientes:
1 zanahoria grande
$1/4$ de kilo de ejotes tiernos
1 coliflor
1 cebolla
2 pastillas de caldo vegetal
2 tazas de chícharos
1 $1/2$ tazas de agua
1 cucharada de aceite de oliva
1 cucharada de margarina *light*
1 cucharadita de maicena
$1/2$ cucharadita de sustituto de sal

Preparación:
Calienta el aceite y la margarina en una cazuela de paredes gruesas.
Pica el ajo y la cebolla, saltéalos brevemente en el aceite.
Corta la zanahoria en cubitos, los ejotes en trozos pequeños y échalos con los chícharos en la cazuela salteándolos sin dejar de mover.
Quita el tronco central a la coliflor y divídela en pequeños ramilletes, salteándolos un momento y removiendo bien.
Añade el caldo vegetal.
Disuelve la maicena en el agua y viértela en la cazuela.
Sazona con el tomillo y la sal.
Baja la intensidad del fuego cuando comience a hervir y deja cocer las verduras a fuego lento; tápalas durante 20 minutos o hasta que estén tiernas.

Añade ½ taza o 1 taza de agua si la salsa espesa demasiado. Sirve el estofado con calabazas al vapor, con puré de papa o con papas con cáscara.

Coliflor y crema
(4 porciones)

Ingredientes:
3 litros de agua
2 cucharadas soperas de sal
2 tazas de coliflor
2 cucharadas de vinagre blanco
1 taza de crema *light*
4 latas de atún en agua, escurrido
sustituto de sal y pimienta al gusto

Preparación:
Hierve los 3 litros de agua con la sal.
Coloca la coliflor en una coladera metálica y sumérgela en el agua durante 1 minuto y escúrrela, repite y reserva.
Mezcla todos los ingredientes en un tazón y condiméntalos con sal, pimienta y vinagre.
Decora con rodajas de jitomate y sirve al centro el atún.

Calabacitas al pimiento
(4 porciones)

Ingredientes:
1 pimiento rojo picado finamente en cuadritos
2 cucharadas de aceite de oliva
8 calabacitas alargadas y fileteadas finamente
sustituto de sal y pimienta
1 lechuga deshojada y lavada

Preparación:
Coloca el aceite de oliva con los pimientos y saltéalos por unos 5 minutos.
Agrega las calabacitas y mueve por unos 2 minutos.
Salpimienta al gusto y retíralos del fuego.
Acomoda las hojitas de lechuga y al centro coloca las calabacitas salteadas al pimiento.

Brocheta vegetariana
(4 porciones)

Ingredientes:
2 manzanas
1 calabacita
2 pimientos rojos o verdes
2 cebollitas de cambray
2 chiles rojos
2 cucharaditas de aceite de oliva
ajo en polvo
pimienta

Preparación:
Mezcla la pimienta y el ajo en polvo en el aceite.
Rebana las manzanas, los chiles, la calabaza y mezcla todos los ingredientes.
Pon primero la manzana, luego la calabaza, el pimiento, una cebollita y un chile y así sucesivamente hasta llenar tenedores brocheteros.
Vuelve a dar otra capa de aceite, ajo y pimienta en polvo con una brocha.
Ponlos a asar durante 20 minutos.
Sirve con ensalada o arroz integral.

Chop suey
(4 porciones)

Ingredientes:
1 lechuga
4 jitomates
1 pepino
6 rábanos (optativo)
1 apio
1 taza de requesón
sustituto de sal

Preparación:
Corta en trocitos la lechuga, los jitomates y el pepino pelado; corta en rodajas el apio y los rábanos.
Coloca las verduras en un cuenco grande.
Añade el requesón, espolvorea con sal.
Mezcla y sirve de inmediato.
Es importante que este platillo no se haga con anticipación porque se vuelve acuoso; si lo quieres frío, mantén los ingredientes en el refrigerador hasta la hora de prepararlo.

Picadillo de soya
(4 porciones)

Ingredientes:
1 $1/2$ tazas de soya molida
1 papa en cuadritos
1 zanahoria en cuadritos
$1/2$ taza de chícharos tiernos
2 jitomates grandes
10 aceitunas
$1/2$ cebolla
3 dientes de ajo

3 cucharadas de pasitas
2 cucharadas de salsa de soya
1 cucharada de vinagre de manzana
1 chile seco
1 cucharada de aceite de oliva
sustituto de sal al gusto

Preparación:
Fríe las zanahorias, las papas, los chícharos, las aceitunas, las pasitas y la cebolla.
Añade el jitomate licuado con el chile, el vinagre, la salsa de soya, la pimienta y la sal.
Deja hervir por 10 minutos a fuego lento.
Agrega la carne y cocina por 10 minutos más.

Pay de verduras
(4 porciones)

Ingredientes:
1 taza de salsa de queso
2 zanahorias chicas
1 nabo
2 colinabos
1 cebolla
2 poros medianos
100 g de alubias cocidas
750 g de papas grandes
20 g de margarina
perejil picado

Preparación:
Pon en 1 litro de agua las verduras dependiendo de su tiempo de cocción, deben quedar crujientes.

Corta todas las verduras, excepto las papas, en rebanadas y acomódalas en un refractario engrasado con trocitos de margarina.

Vierte la salsa sobre las verduras y coloca las papas encima en hileras.

Mete al horno 15 minutos.

Adorna con perejil.

Rajas de poblano con elotes

(4 porciones)

Ingredientes:
5 elotes desgrasados y cocidos
4 chiles poblanos
1 cebolla en rodajas
2 papas cocidas
3 cucharaditas de aceite de oliva
200 g de queso rallado
1 taza de crema baja en grasa

Preparación:
Acitrona la cebolla y los chiles poblanos asados y cortados en rajas.
Agrega los elotes y las papas.
Fríe un poco más para añadir la crema.
Retira del fuego y espolvorea el queso.

Ejotes empapelados

(4 porciones)

Ingredientes:
500 g de ejotes limpios
150 g de queso oaxaca *light*
2 cucharadas de harina integral

1 taza de leche descremada
salsa picante
sustituto de sal

Preparación:
Derrite la mantequilla con la harina durante 3 minutos a fuego lento.
Agrega poco a poco la leche sin dejar de mover.
Agrega la salsa picante, el queso y la sal una vez espesa.
Corta los ejotes en cuatro partes iguales.
Coloca sobre cuatro cuadros de papel aluminio y báñalos con la salsa preparada.
Sella bien los bordes y hornea a 175° durante 35 minutos.

Sandwich de pepino
(4 porciones)

Ingredientes:
8 rebanadas de pan integral
mayonesa o margarina *light*
1 pepino
sustituto de sal al gusto
brotes de alfalfa
4 hojas de lechuga

Preparación:
Tuesta el pan ligeramente.
Úntalo con mayonesa o margarina.
Pela el pepino y córtalo en rodajas finas, tantas como quieras poner al emparedado.
Añade la sal, los brotes y la lechuga.

Frittata de verduras
(4 porciones)

La *frittata* es un platillo italiano de huevo, se cocina en la sartén y no necesita voltearse pues el relleno se coloca encima.

Ingredientes:
100 g de champiñones en rebanadas delgadas
$1/3$ de taza de cebolla morada rallada
5 huevos más 4 claras
1 cucharadita de tomillo, orégano o albahaca picados
4 jitomates chicos rebanados
8 cucharadas de queso mozzarella
sustituto de sal
pimienta negra

Preparación:
Añade un poco de aceite de oliva y calienta en una sartén de teflón.
Acitrona la cebolla y añade los champiñones, cocínalos unos 5 minutos.
Mezcla los huevos, las claras, hierbas, sal y pimienta y vierte en la sartén.
Cocina hasta que los huevos comiencen a cuajar, no mezcles, sólo levanta el borde del huevo.
Acomoda las rebanadas de jitomate y verduras salteadas en círculos.
Cocina hasta que los huevos estén dorados por abajo y casi listos por encima.
Esparce el mozzarella por el borde de la frittata.
Tapa la sartén y cocina hasta que se funda el queso.

Atún al ajonjolí
(4 porciones)

Ingredientes:
4 cucharadas de ajonjolí
4 latas de atún en agua, escurrido
1 chile de árbol picado
2 jitomates picados
3 cucharadas soperas de vinagre
orégano molido
aceite de olivo
1 limón

Preparación:
Calienta un poco el aceite en una sartén y vierte el ajonjolí, tápalo y muévelo constantemente hasta que adquiera un tono dorado claro.
Deja enfriar y mézclalo en un tazón con el resto de los ingredientes.
Condimenta con unas gotas de limón, orégano y sal.

Pibil vegetariano
(4 porciones)

Ingredientes:
3 elotes desgranados
$1/2$ col chica en rebanadas
$1/2$ cebolla en medias lunas
4 dientes de ajo picados
$1/3$ del contenido del paquete de achiote
1 cucharada de vinagre
1 pizca de azúcar
1 pizca de pimienta molida
2 naranjas ácidas (sólo el jugo)
sustituto de sal al gusto

Preparación:
Fríe los granos de elote, la col, la cebolla y los ajos.
Añade al achiote diluido en el jugo de naranja con el vinagre, la pimienta y el azúcar.
Sazona unos minutos a fuego lento.

Tinga poblana
(4 porciones)

Ingredientes:
2 tazas de soya texturizada
10 g de achiote disuelto en agua
1 kilo de jitomate asado
1 chipotle adobado
1 trozo de cebolla
2 dientes de ajo
3 cucharadas de aceite de oliva
sal al gusto

Preparación:
Remoja la soya en agua caliente durante 20 minutos, escurre y agrega el achiote, deja reposar 1 hora.
Licua los jitomates con el chile, la cebolla y el ajo; fríe la mezcla en un poco de aceite de oliva.
Adiciona la soya, déjala hervir hasta que esté cocida.
Agrega un poco de agua si es necesario.

Albondigón de gluten
(4 porciones)

Ingredientes:
500 g de carne de gluten de trigo
100 g de nuez picada
100 g de almendras picadas
2 rebanadas duras de pan integral

$1/2$ taza de leche descremada
2 dientes de ajo
2 pimientas negras
3 cucharadas de vinagre de manzana
$1/4$ de cucharadita de comino
sustituto de sal al gusto

Preparación:
Remoja las rebanadas de pan en la leche.
Muele el ajo con la pimienta y los cominos.
Mezcla perfectamente todos los ingredientes y vierte en un refractario engrasado.
Hornea a 180° durante 20 minutos.

Carne de soya a la mexicana
(4 porciones)

Ingredientes:
250 g de soya hidratada
500 g de jitomates asados
4 chiles poblanos asados en rajas
1 manojo de cilantro
20 tortillas doradas en tiras
1 taza de crema
100 g de queso fresco rallado
2 aguacates
10 rábanos
1 cebolla grande
4 cucharaditas de aceite de oliva
sustituto de sal al gusto

Preparación:
Muele los jitomates con el cilantro y la sal.
Fríe la salsa y agrega la carne de soya, cuece a fuego suave.
Añade las rajas y la mitad de la cebolla picada.

Pon una capa de tiras de tortilla en un molde refractario engrasado, encima una capa de carne con salsa y alterna hasta terminar con los ingredientes.
Cubre con crema, queso rallado y el resto de la cebolla.
Hornea 15 minutos y adorna con rebanadas de aguacate y rábanos en flor.

Queso de yogur

Ingredientes:
2 tazas de yogur natural sin grasa o bajo en grasa (que no contenga gelatina)

Preparación:
Coloca un filtro para café en un embudo.
Ponlo verticalmente sobre un tazón.
Pon las dos tazas de yogur en el filtro.
Cúbrelo y refrigera al menos dos horas.
El líquido del yogurt escurrirá por el filtro dejando que se espese y se forma una pasta.

Cereal casero
(10 raciones)

Puedes crear tus propias combinaciones de cereal.

Ingredientes:
4 tazas de cereal de trigo inflado
1 $^1/_2$ taza de aros de avena
$^1/_2$ taza de granola sin miel
1 $^1/_2$ taza de hojuelas integrales
$^1/_2$ taza de almendras rebanadas

Preparación:
Mezcla todos los ingredientes y guárdalos en un envase cerrado.

EJERCICIOS

Hemos llegado a una de las partes que más se le dificulta a mis pacientes durante el tratamiento contra la obesidad: el ejercicio.

A muchos de nosotros sólo escuchar esa palabra nos hacer fruncir el ceño. Por eso buscamos dietas y tratamientos maravillosos que nos aseguren buenos resultados sin ponernos a sudar.

Efectivamente es posible bajar de peso sin ejercitarse, pero la rapidez de los resultados y los beneficios del ejercicio son incontables, ya que además de quemar calorías:

- Evita la flacidez al darle tensión a tus músculos; esto mejora tu silueta.
- Un cuerpo con musculatura quema más grasa que un cuerpo flácido.
- Acelera el metabolismo y aun después de terminar el ejercicio se siguen quemando calorías.
- Evita que te deprimas, pues libera hormonas que levantan el ánimo.
- Tendrás más energía y vigor.

El sedentarismo no te ayuda ni física ni mentalmente. La actividad física será siempre tu aliada. Si eres empleado, ama de casa, estudiante o profesionista, no pretendas hacer repentinamente deporte. Mejor inicia con actividades de mediana intensidad, como caminar, correr, bailar, nadar, andar en bici o hacer gimnasia.

El hecho de que muchas de ellas se practiquen en parques y plazas de manera gratuita también es una ventaja que no debes desaprovechar.

En torno al ejercicio existen muchos mitos que se utilizan para evitar practicarlo, tales como:

MITO: el ejercicio aumenta el apetito.
REALIDAD: el ejercicio reduce el apetito.

MITO: el ejercicio me hace subir de peso.
REALIDAD: aunque los músculos pesan más que la grasa, la mayor eliminación de esta permite una reducción de peso y al mismo tiempo se sentirá más sano y atractivo.

MITO: no tengo tiempo para hacer ejercicio.
REALIDAD: siempre se tienen 30 minutos para hacer ejercicio.

MITO: el ejercicio me agota.
REALIDAD: el ejercicio proporciona energía y vigor.

MITO: es tarde para preocuparme de mi físico.
REALIDAD: nunca es tarde para beneficiarse del ejercicio.

MITO: si dejo de hacer ejercicio mis músculos se convertirán en grasa.
REALIDAD: es imposible que los músculos se conviertan en grasa.

MITO: me da vergüenza hacer ejercicio.
REALIDAD: muchas actividades pueden hacerse en privado.

MITO: no soy bueno para los deportes.
REALIDAD: para caminar no se necesitan habilidades especiales.

MITO: sólo los ejercicios de alto rendimiento son beneficiosos.
REALIDAD: el ejercicio moderado ayuda a controlar el peso y es beneficioso para la salud.

El ritmo cardíaco

Una de las herramientas necesarias antes de comenzar cualquier actividad física es el control del ritmo cardíaco. De ella depende el éxito de tu entrenamiento y tu buena salud. Al conocerlo, sabrás a qué nivel tienes que entrenarte para evitar riesgos al exceder tus propias capacidades físicas.

El ritmo cardíaco tiene dos niveles:
a) Nivel inferior (60%): es el indicado para los principiantes y personas mayores no acostumbradas a practicar ejercicio. Se calcula de la siguiente manera: (220 – edad) x 0.60
b) Nivel superior (90%): es el indicado para personas acostumbradas a hacer ejercicio y con buena condición física. Se calcula de la siguiente manera: (220 – edad) x 0.90

¿Cómo tomar el ritmo cardíaco?
Durante tu rutina de ejercicio detente y toma el pulso con el índice y los dedos medios en la lateral del cuello o en la muñeca, cuenta durante 10 segundos los latidos y multiplica

el resultado por 6. Aumenta o disminuye la intensidad hasta llegar al ritmo cardíaco ideal para ti.

Quema 150 calorías con las siguientes actividades:
Aerobics baja intensidad: 30 minutos.
Baile de salón: 43 minutos.
Basquetbol: 16 minutos.
Caminar: 27 minutos.
Ciclismo (20 km/h): 20 minutos.
Correr baja intensidad: 11 minutos.
Levantamiento de pesas: 26 minutos.
Tenis: 20 minutos.
Voleibol: 44 minutos.
Natación: 20 minutos.
Squash: 15 minutos.
Saltar la cuerda: 20 minutos.
Limpiar las ventanas: 35 minutos.
Pintar la casa: 29 minutos.
Lavar y encerar el coche: 45 minutos.
Pasar la aspiradora: 48 minutos.

Distribución de la grasa en el organismo

Dependiendo de la localización de las grasas en el organismo, la obesidad se clasifica en:
OBESIDAD SEDENTARIA: es la obesidad abdominal que aparece cuando el gasto físico es mínimo y la ingesta de azúcar excede al gasto.
OBESIDAD DIGESTIVA: se localiza en el vientre.
OBESIDAD CIRCULATORIA: se localiza en brazos y piernas principalmente.

OBESIDAD GENITAL Y HORMONAL: está concentrada en los muslos y en las nalgas.

OBESIDAD HEREDITARIA: se distribuye en todo el cuerpo.

Rutinas de ejercicios para adelgazar por zonas

Antes de comenzar la rutina ponte ropa cómoda y zapatos adecuados.

Para adelgazar mejillas y papada

Ejercicio 1

De pie con las manos en las caderas mueve el cuello hacia la derecha inclinando la cabeza al frente, después a un lado y al otro.
Haz 4 series de 10 repeticiones y después inicia en sentido contrario.

Ejercicio 2

Gira la cabeza de derecha a izquierda hasta poder ver por encima del hombro.
Haz 4 series de 10 repeticiones por lado.

Ejercicio 3

Desde la postura normal echa la cabeza lo más atrás que puedas y regresa hacia delante.
Haz 4 series de 10 repeticiones.

Ejercicio 4

Coloca la mano en la parte lateral de la cabeza sobre el oído.
Haz presión con ambas partes empujando la cabeza contra la mano y viceversa.
Permanece así 10 segundos.
Relájate y repite.
Cambia y realiza el ejercicio del otro lado.

Ejercicio 5

Coloca las dos manos sobre la frente y al igual que en el ejercicio anterior haz presión empujando hacia delante durante 10 segundos.
Relájate y repite.

Ejercicio 6

Coloca las manos sobre la nuca.
Empuja hacia atrás presionando al mismo tiempo con las manos.
Mantén la posición por 10 segundos.
Relájate y repite.

Brazos firmes

Ejercicio 1

Fondos en el suelo:
Mantén el cuerpo apoyado sobre las rodillas y las manos, estira los brazos abiertos a la anchura de los hombros.
Baja flexionando los brazos hasta que el pecho toque el suelo.
Haz 10 flexiones, descansa y repite dos veces más.
Procura llevar el cuerpo alineado sin elevar los glúteos.

Ejercicio 2

Acuéstate sobre tu lado derecho y con las rodillas flexionadas coloca la palma de la mano izquierda en el suelo frente a ti.
Estira el brazo levantando el peso de tu cuerpo.
Haz 10 repeticiones, descansa y repite dos veces más.
Repite lo mismo sobre el otro costado.

Ejercicio 3

Siéntate en una silla.
Apoyada sobre la espalda con unas pequeñas mancuernas flexiona los brazos alternadamente desde las piernas hasta el hombro, procurando hacer un movimiento de 180°.
Haz 10 repeticiones con cada brazo, descansa y repite dos veces más.

Ejercicio 4

Flexionando ligeramente el tronco hacia delante, lleva el brazo hacia atrás sujetando una mancuerna.
Mantén siempre elevado el codo desde esta posición, extiende completamente el brazo.
Haz 10 repeticiones con cada brazo, descansa y repite dos veces más.
No debes balancear la espalda ni el brazo al subir y bajar el peso.

Piernas y glúteos torneados

Ejercicio 1

Desplantes.
Con una pierna adelantada flexiona la pierna de atrás tratando que la rodilla baje al suelo.
Mantén la espalda recta.
Haz 15 flexiones y cambia la pierna adelantada.
Repite 3 veces.

Ejercicio 2

Sentadilla.
Flexiona las piernas manteniendo la espalda recta.
No dejes que los glúteos bajen más allá de la línea de las rodillas.
Haz 3 series de 15 repeticiones.
No debes levantar los talones al flexionar.

Ejercicio 3

Extensión de cuadriceps.
Levanta la rodilla a la altura de la cadera y estira la pierna.
Haz 3 series de 10 repeticiones.
Hazlo lentamente sin dar patada al aire.

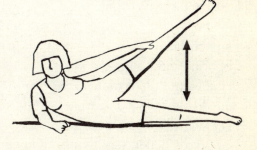

Ejercicio 4

Bíceps femoral y glúteos.
Acuéstate completamente boca abajo y levanta la pierna hasta que separes el muslo del suelo.
Lleva el pie hacia el glúteo.
Haz 3 series de 15 repeticiones.

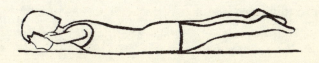

Ejercicio 5

De lado levanta una pierna estirada y sujétala.
Intenta tocar el pie con la pierna contraria.
Haz 3 series de 15 repeticiones.
Debes permanecer sentada solamente sobre un lado de la cadera.

Ejercicio 6

Pantorrilla.
Sobre un pie y sujetándote para no perder el equilibrio, levanta el talón poniéndote de puntillas.
Haz 3 series de 15 repeticiones.
Los brazos deben mantenerse relajados, apoyando sólo para no perder el equilibrio.

Ejercicio 7

Recárgate en un muro, coloca tus pies separados a la distancia de tus hombros y tus talones a 45 centímetros de la pared. Deslízate lentamente hasta doblar las rodillas a un ángulo de 90° como si te sentaras en una silla imaginaria.

Dale forma a tu espalda

Ejercicio 1

Sentada con las piernas flexionadas, estira los brazos hasta colocarlos uno a cada lado de la cara. Sin adelantar la cabeza bájalos lentamente manteniendo la tensión en el centro de la espalda.
Haz 3 series de 10 repeticiones.

Ejercicio 2

Sujetando una barra o un palo de escoba con los brazos abiertos eleva la barra por encima de la cabeza hasta que los brazos queden estirados.
Haz 3 series de 10 repeticiones.
Mantén la pelvis ligeramente hacia delante y las rodillas un poquito adelantadas.
Procura no balancear el tronco durante el ejercicio.

Ejercicio 3

Acostada boca abajo eleva el tronco ligeramente.
Las piernas y los pies deben permanecer completamente apoyados en el suelo.
Contrae simultáneamente la parte baja de la espalda y los glúteos.
Haz 3 series de 10 repeticiones.

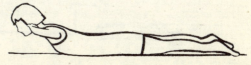

El pecho firme

Ejercicio 1

Presiona una pelota situada entre las palmas de las manos.
Los codos se sitúan a la altura de los hombros y no se bajan durante todo el ejercicio.
Haz 3 series de 30 repeticiones.

Ejercicio 2

Coloca las manos sobre un escritorio o los brazos de una silla, lleva todo el cuerpo hacia delante flexionando los brazos.
Haz 3 series de 10 repeticiones.
Debes bajar con todo el cuerpo recto.

Ejercicio 3

Pon los brazos en cruz y flexionados, lleva al encuentro los codos sin bajar los brazos en todo el ejercicio.
Una vez que se toquen los codos eleva los brazos juntos dirigiendo las manos hacia la cabeza.
Haz 3 series de 10 repeticiones.

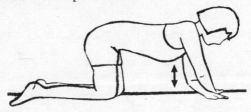

Abdomen plano

Ejercicio 1

Con las piernas elevadas sobre un banco o el sillón, levanta la cabeza y los hombros al tiempo que exhalas el aire.
Haz 3 series de 10 repeticiones.
Mantén la barbilla separada del pecho durante todo el ejercicio.

Ejercicio 2

Con las manos detrás de la cabeza y las piernas flexionadas lleva un codo hacia la rodilla contraria.
Haz 3 series de 10 repeticiones.
Procura recorrer la mitad de la distancia con cada parte (brazo y pierna).

Ejercicio 3

Acostada coloca las manos bajos los glúteos, levanta ligeramente las piernas, abre y ciérralas lentamente.
Haz 3 series de 15 repeticiones.
Abre las piernas sin forzar la apertura.

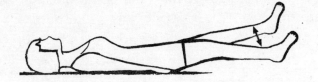

MASAJES

Refuerza tu tratamiento con masajes por zonas.

El masaje es la serie de manipulaciones o movimientos manuales sobre una zona del cuerpo que tiene la finalidad de estimular y mejorar el nivel muscular, articular, linfático, circulatorio o adiposo.

El masaje nos ayuda a oxigenar los tejidos y a eliminar las impurezas; es el mejor aliado contra el estrés y la rutina diaria.

No deben aplicarse presión intensa en algunas zonas del cuerpo, ya que son zonas ganglionares, arteriales o venosas, y podría resultar nocivo para la salud; estas zonas son las axilas, los pezones, la zona anterior e inferior del cuello (anginas), la zona posterior de las rodillas, las ingles, la cara interna del muslo y las venas femorales.

Es recomendable que apliques un gel reductor (ver página 115) que además de trabajar directamente sobre la grasa, facilitará los movimientos de tus manos al momento de dar el masaje.

Masaje del abdomen

Calentamiento:
Con la mano derecha realiza un masaje circular en sentido de las agujas del reloj.

Renovación venosa:
Junta ambas manos en la parte central del abdomen y después arrastra cada una a un costado del abdomen y sube de nuevo.
Repite esta operación por todo el abdomen.
Presiona la cintura alternando con las dos manos. Mano izquierda lado derecho, mano derecha lado izquierdo.
Al final repite nuevamente el movimiento inicial.

Masaje en la cintura

Aplica gel sobre tu cintura con las palmas extendidas sobre tus costados, realiza movimientos descendentes presionando firmemente hasta llegar a la cadera, suelta y vuelve a la posición inicial.
Repite hasta que el gel sea absorbido.
Realiza el mismo movimiento pero ahora de media espalda a los glúteos.
Este masaje es ideal para modelar tu cintura.

Masaje de senos

Con este masaje mantendrás tus senos firmes por más tiempo.
Aplica una crema adecuada y extiéndela por los senos.
Haz movimientos circulares ascendentes en cada seno, inicia desde abajo del seno hacia la axila.

Con la mano derecha masajea el seno izquierdo y viceversa. Realiza pequeños y suaves pellizcos en el músculo pectoral (desde los huesitos de la base del cuello hacia abajo), esto mantendrá tonificado el músculo, dándole una mejor apariencia a tus senos.

Masaje de piernas

Con este masaje mejorarás la circulación de tus piernas, eliminarás toxinas y evitarás la desagradable celulitis.
Sentada sobre la cama o la alfombra aplica sobre las piernas el gel reductor.
Frota las piernas, alterna ambas manos desde el tobillo hasta la ingle.
Con los nudillos de ambas manos haz una ligera presión y baja suavemente ahora en sentido opuesto, inicia en la ingle hasta el tobillo.
Una vez que hayas llegado al tobillo con la palma de las manos, presiona y vuelve a subir hasta la ingle.
Repite estos movimientos varias veces.
Aplica un poco más de gel en la zona exterior del muslo y realiza un amasamiento de toda esta zona; inicia en la rodilla y termina en la ingle.
La mano izquierda sigue a la derecha en el movimiento de presión.
Ponte de pie y realiza con ambas manos movimientos circulares ascendentes; inicia desde el tobillo hacia la ingle en ambas piernas.
Aplica el gel sobre tus glúteos y da un masaje con los dedos de la mano; haz movimientos circulares de adentro hacia

fuera y de abajo hacia arriba hasta que el gel se absorba completamente.

Puedes terminar tu sesión de masaje al levantar las piernas sobre la pared durante 15 minutos: la sensación de descanso es maravillosa.

TERAPIAS ALTERNATIVAS

Existen varias terapias que pueden ayudarte con el problema de la obesidad. A continuación te daré una breve semblanza de lo que es cada una de ellas.

No olvides consultar a tu médico, él te ayudará a elegir la más adecuada para ti.

Hipnosis

La palabra hipnosis, del griego *hypnos*: sueño, fue usada por primera vez en 1843 para suprimir el dolor físico durante la cirugía.

Es un estado temporal entre la vigilia y el sueño muy parecido al que ocurre espontáneamente durante el sonambulismo o al soñar despiertos, pero provocado de manera superficial por medio de la sugestión. Si la técnica se emplea con fines curativos se denomina hipnoterapia.

Al igual que el sonámbulo, la persona hipnotizada puede realizar ciertas tareas con eficiencia, evitar los peligros, ejecutar instrucciones y hablar con suficiente lucidez, pero hay algo que sólo ocurre en el trance hipnótico: el individuo deja en manos del terapeuta parte de su voluntad y del dominio que normalmente ejerce sobre sí mismo.

El terapeuta aprovecha esta circunstancia para producir cambios físicos y mentales: curar determinados padecimientos, provocar relajación, aliviar dolor y tener cambios de conducta en pacientes que padecen alcoholismo, tabaquismo y trastornos alimenticios (anorexia, bulimia, obesidad), por mencionar algunos.

Por otra parte la hipnoterapia ayuda al paciente a adquirir la confianza en sí mismo y a superar experiencias de su vida.

Aromaterapia

Se llama aromaterapia al tratamiento de enfermedades y padecimientos con aceites extraídos de plantas, los cuales se encuentran muy concentrados y contienen las sustancias que dan el olor característico.

Dichos aceites son producidos por unas diminutas glándulas distribuidas en los pétalos, las hojas, los tallos, la corteza y la madera de muchas plantas y animales.

Aceites esenciales
- Albahaca
- Alcanfor
- Azahar
- Cedro
- Enebro
- Eucalipto
- Hisopo
- Jazmín
- Lavanda
- Limón
- Pachuli
- Rosa

Los aceites esenciales generalmente se aplican sobre la piel y se hacen penetrar mediante un masaje a través de los poros y los folículos pilosos hasta ser absorbidos en el torrente sanguíneo. Pueden inhalarse, agregarse al agua de baño y usarse en compresas.

Musicoterapia

Además de un arte, la música es un medio de expresión algunas veces más eficaz que el lenguaje.

Sus infinitas combinaciones y ritmos armónicos tienen un efecto instantáneo y poderoso sobre el ánimo y pueden comunicar o provocar emociones difíciles de expresar con palabras. Esto es precisamente lo que la musicoterapia aprovecha. Si tales emociones se mantuvieran reprimidas podrían conducir a diversos trastornos mentales e incluso físicos.

Reflejoterapia

Es una disciplina que trata las enfermedades mediante la estimulación manual de las plantas de los pies, ya que éstas se dividen en zonas que se llaman "reflejas" pues se les atribuye una relación con distintas partes distantes del organismo.

Los pies se consideran como un espejo del organismo: cada uno representa la mitad del cuerpo situada del mismo lado.

Talasoterapia

Se le llama de este modo al empleo curativo del agua de mar y de las algas marinas. Es una forma de hidroterapia que se utiliza principalmente para restituir la flexibilidad articular y muscular, pues se apoya en el hecho de que el agua salada aumenta la flotabilidad del cuerpo y reduce el esfuerzo impuesto a las extremidades.

Los extractos de algas marinas que se agregan a los baños en agua de mar o que se aplican en compresas y empastos, aportan numerosos minerales y vitaminas que aumentan la sudoración y de esta manera ayudan a desintoxicar al organismo. Son muy útiles al momento de querer reducir medidas o en los tratamientos contra la obesidad.

Los beneficios son similares a los de otras formas de hidroterapia, aunque no es recomendable para personas alérgicas al yodo.

Terapia cognoscitiva

Para mejorar la opinión de uno mismo. Esta terapia es una forma de sicoterapia orientada a fortalecer la confianza que el individuo tiene de sí mismo. Para lograr su objetivo, el tratamiento intenta modificar las percepciones, los recuerdos y los pensamientos que deterioran esa confianza.

Cuando una persona no se considera merecedora de aprecio, sus acciones inspiran la misma opinión ajena en los demás. A su vez, la opinión ajena refuerza el juicio de la persona sobre sí misma. "Yo no me quiero y por lo tanto no puedo inspirar amor, y como los demás no me quieren entonces no valgo la pena y no me quiero", con este pensamiento se pone en marcha un círculo vicioso.

La terapia intenta romper ese círculo, enseñando al paciente a reconocer sus méritos y a aumentar su autoestima. Como resultado de su cambio de actitud el individuo comienza a recibir muestras de aprecio de los demás.

Terapia conductista

Cada vez que celebramos bromas de un amigo, castigamos a un niño travieso o damos un premio al que se ha portado bien, estamos practicando una forma espontánea de terapia conductista.

De la misma manera, los terapeutas se valen de un sistema de recompensas (o castigos) para ayudar al paciente a abandonar hábitos inaceptables o que son una amenaza para sí mismos o los demás.

En cualquier caso, la terapia conductista se propone desarraigar los hábitos nocivos y el comportamiento del paciente y sustituirlos por reacciones constructivas.

Este tipo de terapia está orientada principalmente a la solución de problemas específicos como el alcoholismo, la drogadicción, el tabaquismo, la obesidad, la conducta violenta y los comedores compulsivos.

Terapia por medio de la danza

Casi todos los niños pueden expresar fácilmente sus sentimientos mucho antes de aprender a hablar, valiéndose de otros medios de comunicación, como los movimientos corporales. Sin embargo una vez que se adquiere el lenguaje es frecuente olvidar que el cuerpo conserva la capacidad de expresar ciertos sentimientos que preocupan, avergüenzan o simplemente son difíciles de decir con palabras.

La terapia por medio de la danza tiene por objetivo el cultivar esta capacidad y ayudar así a la persona a reconocer y expresar sentimientos y conflictos que ha mantenido reprimidos.

En el caso de los adultos, la terapia es un auxiliar en el tratamiento de padecimientos emocionales como la ansiedad, la depresión, los problemas de autoestima baja y la dificultad para relacionarse con los demás; e incluso de algunos trastornos más graves como la esquizofrenia, los trastornos maniaco-depresivos, los trastornos de la alimentación, como la bulimia, la anorexia y la obesidad y ciertos tipos de adicción.

Esta terapia puede aplicarse a un solo paciente o a un grupo. En este último caso, antes de incorporar al paciente al grupo, el terapeuta debe de conversar con él en privado.

Los participantes no necesitan tener conocimientos previos, ni facilidad para la danza, y se procura desalentar la competencia entre ellos para evitar que se impongan metas excesivas.

ARTÍCULOS COMPLEMENTARIOS

Productos *Bionatura* para control de peso:
- Delgadex
- Obesil
- Citrucaps
- Delgamix
- Herbolaria:
  té de colcomeca
  té de chinamanrubio
  té de manrubio
  té de tila
  té de azahar
  té de manzanilla
  té de valeriana
- Tabletas de sábila
- Tabletas de nopal
- Tabletas S-13
- Polvo G-19
- Polvo pipena mix
- Bio-remedio estreñimiento
- Bio-remedio nervios

- Bio-remedio hígado
- Libros:
- Magnetos:
  faja reductiva
  faja magnética
  cinturón magnético
  chaleco magnético
- Kit obesilueth (faja reductiva, jabón reductivo, gel reductivo y tabletas reductivas)
- Jabones reductivos *coarzo*
- Barra reductiva de toronja con algas marinas
- Gel reductivo de toronja y algas marinas
- Sauna reductivo portátil

COMENTARIO FINAL

El padecimiento más común en la actualidad es sin duda la obesidad. Existe un altísimo porcentaje de personas que la padecen, el 60% de la población en México.

Mi preocupación como médico es que esta cantidad de personas ven a la obesidad como un problema estético solamente, y al que terminan asimilando.

Aprender a vivir con la obesidad hace que cada día se deteriore más la calidad de vida del ser humano en el mundo. Cada vez más personas mueren por complicaciones de enfermedades degenerativas, cáncer, artritis, presión alta, diabetes o problemas cardíacos.

Autoridades sanitarias en México y el mundo han desarrollado enormes campañas de salud, ya que la obesidad es una verdadera plaga alimentada por los medios de comunicación y la publicidad subliminal que nos induce a comprar, consumir y comer cosas que no necesitamos para vivir saludables.

Es irónico que la publicidad por un lado nos muestre a las personas delgadas y jóvenes como un símbolo estético y por otro nos aliente a comer y ser obesos.

Como has leído en este libro, la obesidad te afecta física y emocionalmente, pero sobre todo afecta tu futuro al destrozar tu calidad de vida.

Siempre he pensado que combatir la obesidad no tiene que ser un martirio como muchas veces se nos ha hecho creer. El someterse a dietas rutinarias, a alimentaciones que nos limitan es quizá la falla de muchos. Como has visto en esta ocasión te estoy permitiendo aprender de una forma sana y sencilla a comer bien y a elegir los alimentos de acuerdo a tu gusto y a tu paladar.

Siempre debemos de tomar en cuenta que la alimentación debe ir ligada a una rutina de ejercicio, ya que sin este tendríamos un cuerpo flácido y débil, sin la apariencia saludable y joven. Esto es importante sobre todo para las personas que pasan de los 30 años.

La finalidad de este libro es que aprendas a moldear tu cuerpo por regiones o en su totalidad. Muchos pacientes quieren bajar por regiones, el abdomen y la cintura, pero no las piernas, por ejemplo. Este libro tiene el fin de que aprendas cómo hacerlo.

Recuerda que una persona sana y con una buena autoestima siempre verá la vida positivamente y la disfrutará más.

Es necesario pensar en la obesidad como un padecimiento que no es fácil de vencer, pero que tampoco es imposible, el secreto está en la constancia. Con ella llegarás a tener esa figura sana y bella que siempre has deseado.

Es importante aclarar que todos estos menús que te propongo son solamente ejemplos de una alimentación saludable. Tú puedes hacer tus propias combinaciones deliciosas, basándote en las tablas de alimentos que te di; nunca más tu comida será desagradable al paladar o te hará subir de peso.

Buena alimentación y ejercicio son sinónimo de belleza y mejor calidad de vida.

Darte la bienvenida a una forma de vida más sana es la intención de los libros que hago: el volver a lo bueno, recordar que cada acto de nuestra vida tiene todas las vertientes y que sólo es cuestión de decidir qué queremos.

Espero que cada una de tus dudas quede aclarada y que este libro sea parte de tu forma de vida.

Combatamos juntos a la obesidad y a las enfermedades para formar un mundo mejor y feliz.

ÍNDICE

Introducción 5

Trastornos alimenticios 9
    Anorexia, 10. Bulimia, 11. Orthorexia, 12. El comedor compulsivo, 13. Autoevaluación de trastornos, 15.

Obesidad 19
    ¿Qué es la obesidad?, 19. Causas, 20. Obesidad y embarazo, 22. Obesidad infantil, 23.

Alimentación. 27
    ¿Soy obeso?, 27. Controla tus medidas, 30. ¿Cómo debes pesarte?, 31. Las calorías, 32. Equivalentes calóricos, 33. ¿Qué comemos?, 41. La dieta, 43. La pirámide nutricional, 45. Terapia nutricional, 45. Alimentos que te ayudan a bajar de peso y reducen el apetito, 47. Menús para adelgazar por zonas, 48. Para adelgazar mejillas y papada, 48. Para adelgazar espalda,

brazo y pecho, 51. Para adelgazar abdomen y cintura, 54. Para adelgazar glúteos y piernas, 56. Jugoterapia, 59. Licuados depurativos, 65. Herbolaria, 67. Tés recomendables para bajar de peso, 67.

Recetario 69
Ensaladas, 69. Sopas y cremas, 76. Platos fuertes, 87.

Ejercicios 99
El ritmo cardíaco, 101. Distribución de la grasa en el organismo, 102. Rutinas de ejercicios para adelgazar por zonas, 103. Para adelgazar mejillas y papada, 103. Brazos firmes, 105. Piernas y glúteos torneados, 106. Dale forma a tu espalda, 109. El pecho firme, 110. Abdomen plano, 111.

Masajes....................................... 113
Masaje del abdomen, 114. Masaje en la cintura, 114. Masaje de senos, 114. Masaje de piernas, 115.

Terapias alternativas........................... 117
Hipnosis, 117. Aromaterapia, 118. Musicoterapia, 119. Reflejoterapia, 119. Talasoterapia, 120. Terapia cognoscitiva, 120. Terapia conductista, 121. Terapia por medio de danza, 121.

Artículos complementarios..................... 123

Comentario final 125